中国铁建股份有限公司企业标准

# 铁路工程布袋注浆桩技术规程

Technical Specification for Bag Grouting Pile of Railway Engineering

Q/CRCC 13101—2023

主编单位：中铁第四勘察设计院集团有限公司
参编单位：中铁十一局集团有限公司
批准单位：中国铁建股份有限公司
实施日期：2024 年 5 月 1 日

人民交通出版社股份有限公司
2024·北京

图书在版编目（CIP）数据

铁路工程布袋注浆桩技术规程／中铁第四勘察设计院集团有限公司主编．— 北京：人民交通出版社股份有限公司，2024.2
　　ISBN 978-7-114-19400-9

Ⅰ.①铁…　Ⅱ.①中…　Ⅲ.①铁路路基—工程施工—技术规范　Ⅳ.①U213.1-65

中国国家版本馆CIP数据核字（2024）第042381号

| | |
|---|---|
| 标准类型： | 中国铁建股份有限公司企业标准 |
| 标准名称： | **铁路工程布袋注浆桩技术规程** |
| 标准编号： | Q/CRCC 13101—2023 |
| 主编单位： | 中铁第四勘察设计院集团有限公司 |
| 责任编辑： | 曲　乐　张　晓 |
| 责任校对： | 赵媛媛　龙　雪 |
| 责任印制： | 刘高彤 |
| 出版发行： | 人民交通出版社股份有限公司 |
| 地　　址： | （100011）北京市朝阳区安定门外外馆斜街3号 |
| 网　　址： | http：//www.ccpcl.com.cn |
| 销售电话： | （010）59757973 |
| 总 经 销： | 人民交通出版社股份有限公司发行部 |
| 经　　销： | 各地新华书店 |
| 印　　刷： | 北京印匠彩色印刷有限公司 |
| 开　　本： | 880×1230　1/16 |
| 印　　张： | 4.5 |
| 字　　数： | 101千 |
| 版　　次： | 2024年2月　第1版 |
| 印　　次： | 2024年2月　第1次印刷 |
| 书　　号： | ISBN 978-7-114-19400-9 |
| 定　　价： | 36.00元 |

（有印刷、装订质量问题的图书，由本公司负责调换）

# 中国铁建股份有限公司文件

中国铁建科创〔2023〕99号

## 关于发布《高速铁路轨道及线下结构服役状态监测技术规程》等12项中国铁建企业技术标准的通知

各区域总部，所属各单位、各直管项目部：

现批准发布《高速铁路轨道及线下结构服役状态监测技术规程》（Q/CRCC 12501—2023）、《铁路工程布袋注浆桩技术规程》（Q/CRCC 13101—2023）、《城市轨道交通信息模型施工应用指南（土建部分）》（Q/CRCC 32301—2023）、《河道生态治理技术规程》（Q/CRCC 33701—2023）、《铁路物联网信息通信总体框架》（Q/CRCC 13801—2023）、《轨道交通接触网大数据基本要求》（Q/CRCC 13701—2023）、《接触网在线监测信息感知装置》（Q/CRCC 13702—2023）、《桥梁转体技术规程》（Q/CRCC 23202—2023）、《铁路隧道机械化施工技术指南》（Q/CRCC 13301—2023）、《装配式挡土墙技术规程》（Q/CRCC 23303—2023）、《农村公路桥梁技术指南》（Q/CRCC 23203—2023）和《工程施工废弃物再生集料应用技术标准》（Q/CRCC 23304—2023），自2024年5月1日起实施。

以上标准由人民交通出版社股份有限公司出版发行。

中国铁建股份有限公司
2023年11月10日

中国铁建股份有限公司办公室（党委办公室）　　2023年11月10日印发

# 前 言

本规程根据中国铁建股份有限公司《关于下达2021年中国铁建企业技术标准编制计划的通知》（中国铁建科创〔2021〕80号）的要求，由中铁第四勘察设计院集团有限公司会同有关单位编制完成。

在标准编制过程中，编制组进行了深入调查研究，系统地总结工程实践经验，广泛征求有关单位和专家意见，并与相关标准进行了协调，经反复讨论、修改，由中国铁建股份有限公司科技创新部审查定稿。

本规程共分7章，主要技术内容包括：1 总则；2 术语和符号；3 基本规定；4 设计；5 施工；6 质量检查及验收；7 施工安全与环境保护。

本规程由中国铁建股份有限公司科技创新部负责管理，由中铁第四勘察设计院集团有限公司负责技术内容的解释。本规程在执行过程中如有建议或意见，请反馈至中铁第四勘察设计院集团有限公司（地址：湖北省武汉市武昌区和平大道745号，邮编：430063），以供修订时参考。

主 编 单 位：中铁第四勘察设计院集团有限公司
参 编 单 位：中铁十一局集团有限公司
主要起草人员：孙红林　丁光文　陈尚勇　杜军良　李时亮　赵晋乾
　　　　　　　郭建湖　王亚飞　余　行　王卫国　卞友艳　安月梅
　　　　　　　段剑林　郑　俊　李东黎　毛泽宇　浩文贵　夏明锬
　　　　　　　江培兵　杨　莹　胡耀芳　李　萍

主要审查人员：吴连海　秦立新　杨常所　蔡德钧　杜文山　毛忠良
　　　　　　　肖金凤　程博华　徐光黎　张电吉　阳吉宝　李昌宁
　　　　　　　向　科　张开顺　包烨明　顾湘生　代敬辉　贾志武
　　　　　　　李庆民　张立青　李凤伟

# 目　次

1 总则 ················································································· 1
2 术语和符号 ········································································ 4
　2.1 术语 ············································································ 4
　2.2 符号 ············································································ 5
3 基本规定 ··········································································· 6
4 设计 ················································································· 8
　4.1 一般规定 ····································································· 8
　4.2 材料要求 ····································································· 8
　4.3 设计计算 ··································································· 11
5 施工 ················································································ 22
　5.1 一般规定 ··································································· 22
　5.2 施工准备 ··································································· 22
　5.3 施工工艺 ··································································· 24
　5.4 施工过程控制 ······························································ 30
6 质量检查及验收 ·································································· 32
　6.1 一般规定 ··································································· 32
　6.2 原材料检验 ································································· 32
　6.3 桩身质量检查 ······························································ 33
　6.4 工程质量验收 ······························································ 35
7 施工安全与环境保护 ···························································· 37
　7.1 一般规定 ··································································· 37
　7.2 施工安全 ··································································· 37
　7.3 环境保护 ··································································· 38
附录 A 典型设计算例 ····························································· 40
附录 B 典型施工案例 ····························································· 49
附录 C 布袋注浆桩施工记录表 ················································· 57
附录 D 布袋注浆桩施工质量检验记录表 ····································· 58
本规程用词说明 ····································································· 59
引用标准名录 ········································································ 60
涉及专利和专有技术名录 ························································· 61

# Contents

1 **General Provisions** ················································································· 1
2 **Terms and Symbols** ················································································ 4
   2.1  Terms ································································································ 4
   2.2  Symbols ····························································································· 5
3 **Basic Requirements** ················································································ 6
4 **Design** ···································································································· 8
   4.1  General Requirements ········································································· 8
   4.2  Material Requirements ········································································· 8
   4.3  Design Calculation ············································································ 11
5 **Construction** ························································································· 22
   5.1  General Requirements ······································································· 22
   5.2  Preparation for Construction ······························································ 22
   5.3  Construction Technology ··································································· 24
   5.4  Construction Process Control ····························································· 30
6 **Quality Inspection and Acceptance** ························································ 32
   6.1  General Requirements ······································································· 32
   6.2  Raw Material Inspection ··································································· 32
   6.3  Pile Body Quality Inspection ····························································· 33
   6.4  Acceptance of Engineering Quality ····················································· 35
7 **Construction Safety and Environmental Protection** ································· 37
   7.1  General Requirements ······································································· 37
   7.2  Construction Safety Provisions ·························································· 37
   7.3  Environmental Regulations ································································ 38
**Appendix A**   Typical Design Examples of Bag Grouting Pile ······················ 40
**Appendix B**   Typical Construction Cases of Bag Grouting Pile ····················· 49
**Appendix C**   Construction Record of Bag Grouting Pile ······························· 57
**Appendix D**   Construction Quality Inspection Records of Bag Grouting Pile ········· 58
**Explanation of Wording in This Specification** ············································· 59
**Citation Standard List** ·············································································· 60
**List of Patents and Proprietary Technology** ················································ 61

# 1 总则

**1.0.1** 为统一铁路工程布袋注浆桩的技术标准，使其符合安全适用、技术先进、经济合理的要求，制定本规程。

**条文说明**

布袋注浆桩是采用机械在地基中成孔，将土工布袋套在注浆管外沉入孔中，水泥浆液通过注浆管孔底压入，充填、膨胀布袋形成的桩体。

布袋注浆桩地基处理的主要原理是：采用适当注浆设备通过注浆管将浆液注入预先埋设于软土中的土工布袋内，浆液在布袋内的压力大于土工布袋周围土体的被动土压力时，得以膨胀土工布袋压密土体，并在土工布袋内析水硬化，与注浆管一起形成较规则的圆柱状结石体，与周围土体共同形成复合地基；土工布袋具有排水、隔离、加筋作用，注浆充填、膨胀土工布袋通过挤压周围土体产生挤密作用，提高桩间土的强度；硬化后的桩体与桩间土形成人工复合地基，使地基的强度和复合模量得到提高，最终达到加速土体固结、提高土体承载力、减少土体压缩变形、有效控制地基工后沉降、满足路基稳定性和沉降控制的目的。加固原理示意如图1-1和图1-2所示。

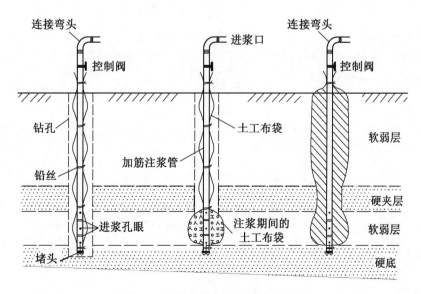

图 1-1 布袋注浆桩加固原理示意图

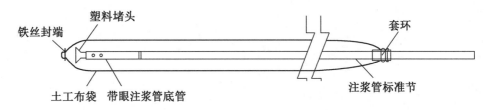

图 1-2　采用堵头和套环止浆的套袋管

根据工程实践经验，布袋注浆桩可以用于处理淤泥、淤泥质土、黏性土（流塑、软塑）、粉细砂（松散、中密）等地基；也适用于带硬夹层的深厚层软土地基；对于含大孤石或障碍物较多且不易清除的杂填土、密实的砂类土一般不采用布袋注浆桩。有斜坡软土等侧向稳定问题时应慎用或应用时要采取其他辅助措施。对高速铁路无砟轨道深厚层软土的加固，目前还没有相应的工程实例，应用时建议进行专项论证，论证通过后再使用。

布袋注浆桩尤其适用于邻近营业线、营业线、下穿既有建（构）筑物等施工空间条件受限、对既有建筑变形要求严格的软弱地基加固。布袋注浆桩既可以单独应用于软土地基加固处理，也可以与灌注桩等结合组成地下连续墙，成为防渗帷幕或支挡构筑物，施工前应通过工艺试验确定其适应性。

布袋注浆桩技术具有成桩工艺简单、成桩质量可靠、质量易于保证等特点；在土工布袋中注浆，注浆压力被土工布袋所限制，对周边环境扰动小，施工期间能够确保既有铁路的安全运营，避免对既有构筑物造成损坏；施工机具高度较低，占地范围较小，对施工场地及净空要求较低；利用钻机成孔、穿过硬夹层较方便；对于环境受限地段的软土地基以及夹硬层软土或硬地层下卧软土层地基处理具有独特的优势；施工均采用常规机具，施工设备简单，材料主要是土工布袋、三丙聚丙烯（Polypropylene Random，PP-R）管、水泥及粉煤灰等，来源可靠、方便，操作环境适应性强，可控性高，安全、环保，便于推广应用。

布袋注浆桩已在甬台温铁路、沪杭甬铁路、温福铁路、商合杭高铁等铁路地基处理工程中推广应用，取得了良好的社会效益和经济效益。行业标准《铁路工程地基处理技术规程》（TB 10106—2023）中收录此项技术。

**1.0.2**　本规程适用于铁路工程布袋注浆桩的设计、施工和工程质量检查及验收。

**1.0.3**　布袋注浆桩地基处理应取得详细的工程地质、水文地质和环境条件资料。

**1.0.4**　铁路工程布袋注浆桩设计，应根据场地地质条件、铁路等级、轨道类型、荷载大小、环境及工期等因素综合确定，应满足稳定和沉降控制等要求。

**1.0.5**　布袋注浆桩施工应遵循先试验、后施工的原则，按照设计要求及相关标准进行施工，加强过程质量控制和加固效果检验。

**1.0.6** 布袋注浆桩施工应符合国家有关安全生产、环境保护、文明施工等相关规定。

**1.0.7** 布袋注浆桩的设计、施工和工程质量检查及验收，除应符合本规程外，尚应符合国家和中国铁建股份有限公司现行有关技术标准的规定。

# 2 术语和符号

## 2.1 术语

**2.1.1** 布袋注浆桩　bag grouting pile

采用机械在地基中成孔，将土工布袋套在注浆管外沉入孔中，水泥浆液通过注浆管孔底压入，充填、膨胀土工布袋形成的桩体，简称布袋桩。

**2.1.2** 布袋加筋注浆桩　bag reinforced grouting pile

将注浆管留置于桩体内，起加筋作用的布袋注浆桩。

**2.1.3** 土工布袋　geotextile bag

由土工布等土工织物制成，具有排水、隔离浆液等作用的袋状土工材料。

**2.1.4** 注浆管　grouting pipe

用于注浆的管道，可采用PP-R管或者钢管，底部为带孔眼的花管。

**2.1.5** 地基处理　ground treatment

为提高地基承载力，改善其变形性质或渗透性质而采取的技术措施。

**2.1.6** 天然地基　natural ground（foundation）

未经人工处理的地基。

**2.1.7** 复合地基　composite ground（foundation）

部分土体被增强或置换形成增强体，由增强体和周围地基土共同承担荷载的地基。

**2.1.8** 地基容许承载力　ground allowable bearing capacity

确保地基不产生剪切破坏而失稳，同时又保证建筑物沉降不超过容许值的最大荷载。

**2.1.9** 地基基本承载力　ground basic bearing capacity

建筑物基础短边宽度不大于2.0m、埋置深度不大于3.0m时的地基容许承载力。

**2.1.10 工后沉降** post-construction settlement

上部建筑物竣工或路基竣工铺轨工程开始时的沉降量与最终形成总沉降量之差。

## 2.2 符号

$A$——拟处理地基的面积；

$A_e$——单桩所承担的处理地基面积；

$A_p$——桩身平均截面积；

$d$——桩身直径；

$d_e$——单桩分担的处理地基面积的等效圆直径；

$E_p$——桩身的压缩模量；

$E_s$——桩间土的压缩模量；

$E_{sp}$——桩-土复合压缩模量；

$m$——复合地基面积置换率；

$[P]$——单桩竖向容许承载力；

$P_f$——与布袋注浆桩同配比的室内标准试块（边长150mm的立方体）标准养护28d立方体抗压强度平均值；

$s$——桩间距；

$U$——沉降完成比例系数；

$\alpha$——桩端地基土的承载力折减系数；

$\beta$——桩间土承载力折减系数；

$\eta$——桩身强度折减系数；

$\sigma_s$——桩间土容许承载力；

$\sigma_0$——地基基本承载力；

$\sigma_{sp}$——复合地基容许承载力；

$\tau_c$——复合地基抗剪强度；

$\tau_p$——桩体的抗剪强度；

$\tau_s$——桩间土的抗剪强度；

$q_i$——桩周第$i$层土的容许摩阻力；

$q_p$——桩端地基土容许承载力。

# 3 基本规定

**3.0.1** 布袋注浆桩适用于加固淤泥、淤泥质土、软黏土、饱和粉土、含硬夹层的软弱地基，以及净空受限或邻近营业线的软弱地基，其他地层应通过现场试验确定其适用性。

**3.0.2** 布袋注浆桩地基处理应取得以下资料：
1 场地工程地质资料。
2 工程施工设计文件。
3 施工条件资料。
4 环境条件资料。

**条文说明**

1 布袋注浆桩地基处理的场地工程地质资料包括以下内容：
（1）场地地形、地貌、工程地质、水文地质、气象等资料。
（2）场地钻孔位置图、地质剖面图。
（3）地基土物理力学指标、承载力。
（4）标准贯入试验、静力或动力触探试验等原位测试资料。
（5）水文地质资料，包括地下水类型、水位、腐蚀性等，并提供防治措施建议。
（6）拟建场地的抗震设计条件，包括建筑场地类别、地基土有无液化的判断等。
（7）特殊岩土层的性质、分布；若有填土，需明确填土材料的成分、粒径组成、有机质含量、厚度及填筑时间。

2 工程施工设计文件包括以下内容：
（1）工程总平面布置图。
（2）工程基础平面图和剖面图。
（3）工程要求的稳定系数、承载力和变形控制值。

3 施工条件资料包括以下内容：
当地地基处理经验和施工条件；布袋注浆桩复合地基施工时，注意收集、积累地基土的桩周摩阻力、桩端阻力等资料。

4 环境条件资料包括以下内容：
（1）工程场地的现状平面图，包括交通设施、高压架空线、地下管线和地下构筑物的分布。

(2) 相邻建筑物安全等级、基础形式及埋置深度。

(3) 水、电及有关建筑材料的供应条件。

(4) 场地范围内地下工程、有关管线及新建铁路工程可能影响到的邻近建（构）筑物的有关资料。

**3.0.3** 布袋注浆桩地基处理设计应综合考虑地基土特性、厚度及埋深、地层结构情况、地下水特征、荷载、控制标准、环境条件等因素。

**3.0.4** 布袋注浆桩地基处理设计应满足工程稳定、承载力及沉降变形控制的要求。

**条文说明**

布袋注浆桩用于加固既有线基床或挡墙基底时，承载力需满足相关要求。

**3.0.5** 布袋注浆桩施工前应进行室内配比试验，选择满足设计强度要求的水泥、外掺剂及其掺量，并进行现场试验。

**3.0.6** 施工前应选择有代表性的地段进行成桩试验，并根据试验结果确定施工工艺及参数，或调整处理方案。

**3.0.7** 布袋注浆桩施工应重视环境保护，考虑泥浆、振动、噪声等可能对环境产生的影响，注意泥浆收集排放，避免污染路基，减小对环境的影响。

**3.0.8** 布袋注浆桩所用材料的技术指标应满足设计要求，材料进场检验、工程质量检查及验收尚应符合国家和中国铁建股份有限公司现行有关技术标准的规定。

# 4 设计

## 4.1 一般规定

**4.1.1** 布袋注浆桩的桩径、桩长、桩间距、布置形式等应根据复合地基承载力、稳定性和沉降控制等要求确定。

**4.1.2** 布袋注浆桩地基处理宜采用桩基及垫层的结构形式。

**条文说明**

当桩间距较大，且桩身设计强度较高时，为充分发挥桩的承载作用，可在布袋注浆桩桩顶设桩帽或扩大桩头。当桩间距较大时，桩顶刺入变形会较大；设置桩帽，使得桩顶分摊荷载的面积增大，可调整桩土荷载分担比例，减少桩顶刺入量和地基总沉降量。

**4.1.3** 布袋注浆桩宜按复合地基设计，应进行稳定性检算、承载力验算和沉降计算，并符合下列规定：
  1 路堤与地基的整体滑动稳定性采用圆弧滑动瑞典条分法（以下简称"圆弧法"）分析时，稳定安全系数应符合现行行业标准《铁路特殊路基设计规范》（TB 10035）的有关规定。
  2 路基的工后沉降量及沉降速率应符合现行行业标准《铁路路基设计规范》（TB 10001）的有关规定。

## 4.2 材料要求

**4.2.1** 土工布袋的选择应符合下列规定：
  1 土工布袋应具有隔离浆液的作用。
  2 土工布袋宜选用与桩径相匹配、无缝合线的卷筒式有纺尼龙或聚丙烯材质土工管袋，土工布袋直径宜与桩径相同。
  3 土工布袋不宜接长使用。
  4 土工布袋性能技术指标应符合表 4.2.1 的规定。

**表 4.2.1 土工布袋性能技术指标**

| 项目 | 设计采用指标 |
|---|---|
| 单位面积质量（g/m²） | ≥260 |
| 经向抗拉断裂强度（kN/m） | ≥65 |
| 静态顶破试验（CBR法）顶破强力（kN） | ≥6.0 |
| 经、纬向撕破强力（kN） | ≥1.0 |
| 等效孔径 $O_{95}$（mm） | 0.07~0.15 |
| 渗透系数（cm/s） | $1\times10^{-2} \sim 1\times10^{-3}$ |

**条文说明**

土工布袋性能指标满足在桩周地层约束条件下承受注浆压力的要求，可选用长丝有纺土工布土工管袋。其性能技术指标及检验方法符合土工布相关产品标准的规定。根据工程经验，土工布袋的主要技术指标可参考说明表4.2.1确定。由于土工布袋在压力膨胀后易被带棱角的碎石扎破，施工中应严格控制注浆压力，必要时应加厚土工布袋，或在填料等含砾石地层采用套管、聚乙烯（Polyvinglchlorid，PVC）管等进行保护，降低土工布袋破裂概率。

卷筒型土工布袋在市场上较难买到，若采用缝制的布袋，必须加强缝制的质量，避免在注浆压力下破损。

现场施工时，土工布袋接长缝合质量不宜保证，一般不接长使用。

已施工的工点采用的土工布袋的技术指标见表4-1。

**表 4-1 土工布袋的技术指标**

| 项目 | 设计采用指标 | |
|---|---|---|
| | 商合杭铁路湖州站、沪苏湖铁路湖州站 | 甬台温高速铁路、上海金山铁路等项目 |
| 单位面积质量（g/m²） | ≥390 | ≥230（260） |
| 经向抗拉断裂强度（kN/m） | ≥100 | ≥—（65） |
| CBR法顶破强力（kN） | ≥10.5 | ≥5.5（6.0） |
| 经、纬向撕破强力（kN） | ≥1.4 | ≥0.85（1.0） |
| 等效孔径 $O_{95}$（mm） | 0.07~0.15 | |
| 渗透系数（cm/s） | $1\times10^{-2} \sim 1\times10^{-3}$ | |

关于土工布袋规格，甬台温高速铁路、上海金山铁路支线与湖州站采用的土工布袋规格不一样，前者采用的土工布袋单位面积质量为230g/m²，湖州站由于在路基填土上施工，填土A、B组填料较粗糙，现场施工时发现土工布袋容易破，浆液不能注满，专门定制了390g/m²的土工布袋。

表4-1中甬台温高速铁路、上海金山铁路设计采用指标，括号外的数据为当时设计采用的指标；括号内的数据为现行土工布相关产品标准中相应产品的指标。

土工布相关产品标准中，长丝有纺土工布土工管袋等效孔径 $O_{95}$ 为0.07~0.5mm，实测结果多为 0.07~0.11mm，为保证布袋不漏浆，本规程明确土工布袋的 $O_{95}$ 为 0.07~0.15mm。

**4.2.2** 注浆材料应符合下列规定：

1 布袋注浆桩浆液可由水泥、粉煤灰和水等组成。

2 水泥宜选用 P·O42.5 级普通硅酸盐水泥，并应符合现行国家标准《通用硅酸盐水泥》（GB 175）的相关规定。

3 粉煤灰应符合现行国家标准《用于水泥和混凝土中的粉煤灰》（GB/T 1596）中Ⅰ级或Ⅱ级粉煤灰的规定。

4 浆液配比应根据试验确定，并应满足设计强度要求，当地基处于腐蚀性环境时，应采用具有抗侵蚀性的水泥或调整浆液配比。

**条文说明**

根据工程经验，布袋注浆桩设计 28d 龄期桩体无侧限抗压强度不小于 5.0MPa。上海金山铁路，采用浆液配合比（水：水泥：粉煤灰）为 0.7:0.55:0.45，7d 水泥结石无侧限抗压强度不小于 2.4MPa；沪杭客专春申线路所至上海南联络线，采用浆液配合比（水：水泥：粉煤灰）为 0.69:0.55:0.45，实测 7d 水泥结石无侧限抗压强度不小于 2.4MPa；甬台温铁路采用浆液配合比（水：水泥：粉煤灰）为 0.7:0.55:0.45，现场实测 7d 水泥结石无侧限抗压强度 2.6~3.6MPa；湖州站到发线路基沉降加固浆液配合比（水：水泥：粉煤灰）为 0.7:0.6:0.4、0.7:0.65:0.35、0.7:0.65:0.45 三种试桩，实测 16~28d 龄期水泥结石无侧限抗压强度不小于 6.3MPa，实际施工时采用的配比为 0.7:0.6:0.4。根据工程经验，为防止浆液过早分离及沉淀，搅拌时可加入适量膨润土，其加入量不宜大于主料（水泥+粉煤灰）的 5%。在邻近营业线施工时可加入适量早强剂（如氯化钙、三乙醇胺等）提高桩体早期强度。

水泥应符合现行国家标准《通用硅酸盐水泥》（GB 175）的相关规定，粉煤灰应符合现行国家标准《用于水泥和混凝土中的粉煤灰》（GB/T 1596）的相关规定。

主要注浆材料技术指标见表 4-2。

**表 4-2 主要注浆材料技术指标一览表**

| 项目 | 设计采用指标 |
| --- | --- |
| 普通硅酸盐水泥（国标） | 不低于 P·O42.5 |
| 粉煤灰 | 不低于Ⅱ级，磨细颗粒小于 0.5mm |
| 水 | 清洁河水、井水或自来水 |

**4.2.3** 注浆管可采用 PP-R 管或者钢管，注浆管直径宜为 40~50mm，底部带孔眼；PP-R 管性能指标应符合现行国家标准《冷热水用聚丙烯管道系统》（GB/T 18742）的相关规定；注浆钢管性能指标应符合现行国家标准《输送流体用无缝钢管》（GB/T 8163）的相关规定。

**条文说明**

注浆管起到注浆通道和布袋导向撑开及加筋的作用。注浆管一般采用PP-R管，管节间经过热熔连接，其长度宜大于设计孔深35~50cm，注浆管底部采用标准堵头封底，距管底35~135cm位置沿管壁钻4排8个φ10mm的孔眼，孔眼间距20cm，顶部加装注浆控制阀。注浆采用孔底返浆工艺，注浆完成后，注浆管作为加筋可留在桩身，形成加筋布袋注浆桩。

PP-R管具有一定的柔软性，可适当弯曲，也可事先预拼接，插管时也可弯曲避开上方障碍物，工效较高，造价相对低廉。注浆管根据使用条件级别和设计压力，可采用直径40~50mm的PP-R管，注浆管下部带孔眼，其性能指标需符合现行国家标准《冷热水用聚丙烯管道系统》（GB/T 18742）的相关规定，长度根据引孔深度和桩顶高程确定。

钢管作为注浆管，注浆完成后拔出，循环使用。在邻近营业线的地段，钢管拔管常受施工净空和运营安全的限制，还存在触电风险，需要分节拼接使用，工效较低。

注浆管不宜采用PVC管，现场试验表明，选用PVC管作为加筋注浆管易出现下述情况：

（1）PVC管材连接处因黏合剂未粘牢而断开，需拆开绑扎好的土工布袋重新黏合，费时费工；

（2）PVC管因自身脆性大、韧性小，安放过程中发生折断，需拆除换新；PP-R管采用热熔法连接，自身韧性大，克服了PVC管的缺陷。

**4.2.4** 垫层宜采用加筋碎石垫层，垫层材料应采用级配良好且未风化的砾石或碎石，其最大粒径不宜大于50mm，不应含草根、垃圾等杂质，细粒含量不应大于10%。

**4.2.5** 加筋垫层土工合成材料应选用耐久性好的土工格栅、土工格室或土工织物等，应具有高强度、低延伸率、蠕变性小、不易脆性破坏、抗拔能力强、耐腐蚀和耐久性好等性能。

## 4.3 设计计算

**4.3.1** 布袋注浆桩处理范围不应小于基底范围，路堤宜处理至填方坡脚，刚性基础宜适当加宽。

**4.3.2** 布袋注浆桩地基处理的布置形式宜采用正方形或三角形，桩间距宜为2~4倍桩径。

**4.3.3** 布袋注浆桩桩径宜为300~400mm，成孔直径宜小于设计桩径0.05~0.1m。

**4.3.4** 布袋注浆桩桩长确定应符合下列规定：

1 竖向承载布袋注浆桩的桩长应根据上部结构对承载力、稳定性和变形控制的要求确定，并宜穿透软弱土层到达承载力相对较高的土层，桩长不宜大于20m。

2 为提高抗滑稳定性时，其桩端应超过危险滑弧以下不小于2m。

**条文说明**

布袋注浆桩处理深度与注浆压力和地层条件有关，桩长越长越需要更大的注浆压力，才能平衡桩周土体被动土压力和地下水压力等，但过大的注浆压力容易导致布袋胀破、漏浆；另一方面，桩长较长时，长细比过大，钻孔垂直度控制也难以保证，质量检验存在困难。

已施工完成的工点，设计采用的桩长如下：广州至深圳Ⅳ线铁路为7.3～20.7m；甬台温铁路台州南站为10～26m；上海金山铁路为18m；商合杭铁路湖州站为12～24m；沪苏湖铁路湖州站为5～12.5m；乐清湾铁路绅坊站为14m；沪通铁路联络线为9～20m。

因此规定，布袋注浆桩地基处理深度一般控制在20m以内，超过时需进行现场试验确定布袋注浆桩是否适用。

**4.3.5** 地基稳定性分析、沉降计算参数，应根据土工试验、现场原位测试、地区经验及类似工程计算参数等因素综合选取，并符合下列规定：

1 地基土天然抗剪强度宜根据直剪快剪试验、三轴不固结不排水剪切试验、无侧限抗压强度试验或十字板剪切试验确定。

2 复合地基的抗剪强度可按式（4.3.5-1）、式（4.3.5-2）计算确定：

$$\tau_c = m\tau_p + (1-m)\tau_s \quad (4.3.5\text{-}1)$$

$$m = \frac{A_p}{A_e} \quad (4.3.5\text{-}2)$$

式中：$\tau_c$——复合地基抗剪强度（kPa）；

$\tau_p$——桩体的抗剪强度（kPa）；

$\tau_s$——桩间土的抗剪强度（kPa）；

$m$——复合地基面积置换率（%）；

$A_p$——桩身平均截面积（m²）；

$A_e$——单桩所承担的处理地基面积（m²）。

**条文说明**

软土的抗剪强度指标，是路基稳定性分析计算中常用到的重要指标，要根据地基土的应力状态、应力变化速率、排水条件和应变条件等选用相应试验方法确定。

当分析路堤沿斜坡地基或软弱层带滑动的稳定性时,要结合场地条件,选择软弱层面的土层,根据施工速度、岩土工程性质和运营环境,并结合原位测试、室内土工试验、地区经验和类似工程土工参数综合确定强度参数 $c$、$\varphi$ 值。强度参数可采用直剪(快剪)或三轴不固结不排水剪试验计算,当可能存在地下水时,要采用饱水试件进行试验。

对于复合地基土的强度参数 $c$、$\varphi$ 值,按复合地基抗剪强度进行计算,根据圆弧滑动法稳定性分析的滑弧切割地层及范围,分别采用加固土(复合)或天然地基土抗剪强度指标,并综合考虑复合地基面积置换率、桩土应力比和应力折减系数等因素确定。当滑动面沿桩底部剪切时,则稳定性计算的抗剪强度同天然地基土的指标选取原则。

**4.3.6** 稳定性验算时,应分别验算路堤施工期及运营期的稳定系数,以运营期的稳定安全系数作为设计指标,施工期的稳定安全系数作为验算指标。运营期荷载应包括路堤自重、列车和轨道荷载,地震力的计算应符合现行国家标准《铁路工程抗震设计规范》(GB 50111)的规定;路堤施工期荷载应考虑路堤自重和运架梁车等施工临时荷载。具体计算可参考附录 A 典型设计算例。路基稳定性分析应符合以下规定:

1 路堤和地基的整体稳定性宜采用图 4.3.6-1 所示的瑞典条分法进行计算,稳定系数 $F_s$ 可按式(4.3.6-1)进行计算。

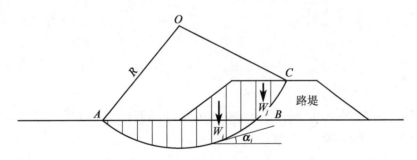

图 4.3.6-1 瑞典条分法计算示意图

$$F_S = \frac{\sum S_i + \sum S_j + T}{P_T} \quad (4.3.6\text{-}1)$$

$$P_T = \sum W_i \sin\alpha_i + \sum W_j \sin\alpha_j \quad (4.3.6\text{-}2)$$

$$S_i = W_i \cos\alpha_i \tan\varphi_{qi} + c_{qi} l_i \text{ 或 } S_i = \tau_i l_i \quad (4.3.6\text{-}3)$$

$$S_j = W_j \cos\alpha_j \tan\varphi_{qj} + c_{qj} l_j \quad (4.3.6\text{-}4)$$

$$W_i = W_{ti} + W_{di} \quad (4.3.6\text{-}5)$$

$$T = T_a \cos\theta \quad (4.3.6\text{-}6)$$

式中:$i$——土条编号,下标 $i$ 表示土条底部的滑裂面在地基土层内;
$j$——土条编号,下标 $j$ 表示土条底部的滑裂面在路堤填料内;
$P_T$——各土条在滑弧切线方向的单位宽度下滑力的总和(kN/m);

$S_i$——地基土内（AB 弧）第 $i$ 土条单位宽度抗剪力（kN/m），天然饱和黏性土地基计算时 $W_i$ 不计 $W_{ti}$；

$S_j$——路堤内（BC 弧）第 $j$ 土条单位宽度抗剪力（kN/m）；

$W_i$——第 $i$ 土条单位宽度自重（kN/m）；

$W_{di}$——当第 $i$ 土条的滑裂面处于地基内（AB 弧）时，滑面以上该土条中的单位宽度地基自重（kN/m）；

$W_{ti}$——当第 $i$ 土条的滑裂面处于地基内（AB 弧）时，滑面以上该土条中的单位宽度路堤自重（kN/m）；

$W_j$——第 $j$ 土条单位宽度自重（kN/m）；

$\alpha_i$——第 $i$ 土条底滑面的倾角（°）；

$\alpha_j$——第 $j$ 土条底滑面的倾角（°）；

$l_i$——第 $i$ 土条底滑面的长度（m）；

$l_j$——第 $j$ 土条底滑面的长度（m）；

$R$——滑动圆弧半径（m）；

$c_{qi}$——当第 $i$ 土条的滑裂面处于地基内（AB 弧）时，该土条所在土层的快剪黏聚力（kPa）；

$\varphi_{qi}$——当第 $i$ 土条的滑裂面处于地基内（AB 弧）时，该土条所在土层的快剪内摩擦角（°）；

$c_{qj}$——当第 $i$ 土条的滑裂面处于地基内（BC 弧）时，该土条所在路堤填料的黏聚力（kPa）；

$\varphi_{qj}$——当第 $i$ 土条的滑裂面处于地基内（BC 弧）时，该土条所在路堤填料的内摩擦角（°）；

$\tau_i$——第 $i$ 土条底滑面的不排水抗剪强度（kPa）；

$T$——加筋体提供的单位宽度抗滑力（kN/m）；

$T_a$——加筋体容许抗拉强度（kN/m），在缺乏经验时可取加筋体极限张拉强度的 0.4 倍；

$\theta$——加筋体在圆弧滑动时其拉力方向的角度（°）（可取 $0\sim\alpha_0$），地基软弱如泥炭等可取 0，$\alpha_0$ 为加筋体与滑弧交点处切线的仰角（°）。

2 当软弱土层较薄时，路堤沿复式滑面滑动的稳定性宜按不平衡推力法进行计算（图 4.3.6-2）。

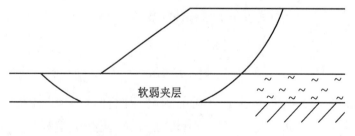

图 4.3.6-2 复式滑面检算图

**4.3.7** 布袋注浆桩复合地基容许承载力宜通过现场单桩或多桩复合地基荷载试验确定。设计时也可按式（4.3.7）估算：

$$\sigma_{sp} = m\frac{[P]}{A_p} + \beta(1-m)\sigma_s \tag{4.3.7}$$

式中：$\sigma_{sp}$——复合地基容许承载力（kPa）；
$m$——复合地基置换率（%）；
$[P]$——单桩竖向容许承载力（kN）；
$A_p$——桩身截面积（m²）；
$\beta$——桩间土承载力折减系数，可根据试验或类似土质条件工程经验确定，当无试验资料或经验时，桩底为软弱土层时可取 0.75~0.95，桩底为硬土层时可取 0.1~0.4；
$\sigma_s$——处理后桩间土容许承载力（kPa），宜按当地经验取值，如无经验时，可取天然地基容许承载力。

**条文说明**

根据复合地基相关研究成果，确定桩间土承载力折减系数 $\beta$ 时，加固土层强度高、设置褥垫层或桩帽时取高值，桩端持力层强度高或建筑物对沉降要求严时取低值。本条采用的 $\beta$ 值系参考素混凝土桩、水泥土搅拌桩、旋喷桩的相关经验确定。布袋注浆桩的相关研究目前还不够充分，需进一步积累经验。

**4.3.8** 布袋注浆桩单桩竖向容许承载力宜通过现场单桩荷载试验确定。设计时可按式（4.3.8-1）和式（4.3.8-2）估算，取其较小值：

$$[P] = \eta P_f A_p \tag{4.3.8-1}$$

$$[P] = u_p \sum_{i=1}^{n} q_i l_i + \alpha A_p q_p \tag{4.3.8-2}$$

式中：$\eta$——桩身强度折减系数，可取 0.3~0.4；
$P_f$——与布袋注浆桩同配比的室内标准试块（边长 150mm 立方体）标准养护 28d 立方体抗压强度平均值（kPa）；
$A_p$——桩身截面积（m²）；
$u_p$——桩身周长（m）；
$n$——桩长范围内的土层数；
$q_i$——桩周第 $i$ 层土的容许摩阻力（kPa）；
$l_i$——桩周第 $i$ 层土的厚度（m）；
$\alpha$——桩端地基土容许承载力折减系数，无经验时可取 1.0；
$q_p$——桩端地基土容许承载力（kPa）。

**条文说明**

桩身强度折减系数 $\eta$ 是一个与工程经验以及拟建工程性质密切相关的参数。工程经验包括对施工队伍素质、施工质量、室内强度试验值与实际加固强度比值以及对实际工程加固效果等情况的掌握。拟建工程性质包括工程地质条件、上部结构对地基的要求以及工程的重要性等。参考相关工程经验，$\eta$ 取 0.3～0.4。

**4.3.9** 复合地基沉降包括加固区沉降和下卧层沉降两部分，地基压缩层的计算深度应考虑铁路等级、轨道类型及地基土特性，按下列要求综合确定。

1 高速铁路、无砟轨道地基压缩层的计算深度应按下列规定确定：

（1）地基压缩系数 $a_{0.1-0.2}$ 大于等于 0.3 MPa$^{-1}$ 时，地基压缩层的计算深度应按垂直附加应力等于 0.1 倍的自重应力确定。

（2）地基压缩系数 $a_{0.1-0.2}$ 小于 0.3 MPa$^{-1}$ 时，地基压缩层的计算深度应按垂直附加应力等于 0.2 倍的自重应力确定。

（3）计算深度以下有软土层时应继续增加计算深度。

2 其他铁路地基压缩层的计算深度应按下列规定确定：

（1）软土地基压缩层的计算深度应按垂直附加应力等于 0.1 倍的自重应力确定。

（2）其他地基压缩层的计算深度应按垂直附加应力等于 0.2 倍的自重应力确定。

**4.3.10** 复合地基的总沉降量应按式（4.3.10-1）计算，无可靠经验时可按式（4.3.10-2）计算：

$$S = m_{Js}S_1 + m_{Xs}S_2 \quad (4.3.10\text{-}1)$$
$$S = m_s(S_1 + S_2) \quad (4.3.10\text{-}2)$$

式中：$S$——复合地基的总沉降量（m）；

$S_1$——加固区沉降量（m）；

$S_2$——下卧层沉降量（m）；

$m_{Js}$——加固区沉降经验修正系数，与地基条件、荷载强度、地基处理措施及路基填筑完成放置时间等因素有关；

$m_{Xs}$——下卧层沉降经验修正系数，与地基条件、荷载强度、加荷速率等有关；

$m_s$——沉降经验修正系数，与地基条件、荷载强度等因素有关，根据地区沉降观测资料及经验确定，对于软土地基，其值可取 1.0～1.2，对于非软土地基，可根据区域工程经验取值，缺乏经验时可按表 4.3.10 插值确定。

**表 4.3.10 沉降经验修正系数**

| 基底附加压应力 | 地基压缩模量当量值 $\overline{E}_s$（MPa） | | | | |
|---|---|---|---|---|---|
| | 2.5 | 4.0 | 7.0 | 15.0 | 20.0 |
| $\sigma_h \geq \sigma_0$ | 1.4 | 1.3 | 1.0 | 0.4 | 0.2 |
| $\sigma_h \leq 0.75\sigma_0$ | 1.1 | 1.0 | 0.7 | 0.4 | 0.2 |

注：$\sigma_h$ 为基底附加压应力，$\sigma_0$ 为基础底面处地基的基本承载力，$\overline{E}_s$ 为沉降计算总深度 $z$ 内地基压缩模量的当量值。

**条文说明**

$\overline{E}_s$ 按下式确定：

$$\overline{E}_s = \frac{\sum A_i}{\sum \dfrac{A_i}{E_{si}}} \tag{4-1}$$

式中：$A_i$——第 $i$ 层土附加应力系数沿土层厚度的积分值；

$E_{si}$——基础底面下第 $i$ 层土的压缩模量值（MPa），桩长范围内的复合土层按复合土层的压缩模量取值。

**4.3.11** 加固区沉降量计算宜采用复合模量法；下卧层沉降量计算可采用 Boussinesq 法、应力扩散法等，同时应考虑相邻荷载的影响，并应符合下列规定：

1 复合地基加固区压缩量可采用下列公式进行计算：

$$S_1 = \sum_{i=1}^{n} \frac{\Delta p_i}{E_{spi}} h_i \tag{4.3.11-1}$$

$$E_{sp} = mE_p + (1-m)E_s \tag{4.3.11-2}$$

$$m = \frac{A_p}{A_e} \tag{4.3.11-3}$$

式中：$\Delta p_i$——第 $i$ 层复合土上附加应力增量（kPa）；

$h_i$——第 $i$ 层复合土层的厚度（m）；

$E_{sp}$——桩-土复合压缩模量（MPa）；

$m$——复合地基面积置换率；

$E_p$——桩身压缩模量（MPa）；

$E_s$——桩间土压缩模量（MPa）；

$A_p$——桩的平均截面积；

$A_e$——单桩所承担的处理地基面积。

2 复合地基下卧层压缩量的计算仍用分层总和法进行计算，下卧层的附加应力可按下列方法进行计算。

（1）在条形荷载作用下，地基中心点下任一点深度 $z$ 处的附加应力可采用 Boussinesq 法，按式（4.3.11-4）计算：

$$\sigma_z = \alpha_z^s p \tag{4.3.11-4}$$

$$\alpha_z^s = \frac{2}{\pi}\left(\frac{2n}{1+4n^2} + \arctan\frac{1}{2n}\right) \tag{4.3.11-5}$$

式中：$\alpha_z^s$——地基附加应力系数；

$p$——条形荷载大小（kPa）；

$n$——$z/b$；

$z$——计算点深度（m）；

$b$——条形荷载宽度（m）。

（2）作用在下卧层顶面的荷载可采用应力扩散法，按式（4.3.11-6）计算，如图 4.3.11 所示。

$$\sigma_z = \frac{BLp}{(B+2h\tan\theta)(L+2h\tan\theta)} \quad (4.3.11\text{-}6)$$

式中：$\sigma_z$——下卧层顶面的荷载平均应力（kPa）；

$B$——复合土体上加载宽度（m）；

$L$——复合土体上加载长度（m）；

$p$——条形荷载大小（kPa）；

$h$——加固区深度（m）；

$\theta$——地基应力扩散角（°），可按表 4.3.11-1、表 4.3.11-2 计算。

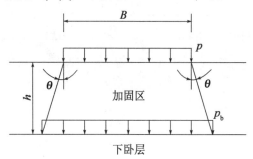

图 4.3.11　应力扩散法计算示意图

表 4.3.11-1　地基应力扩散角 $\theta$（°）

| $E_{s1}/E_{s2}$ | $z/B$ | | | |
| --- | --- | --- | --- | --- |
| | <0.25 | 0.25 | 0.50 | >0.50 |
| <3 | 0°或系数法或插值法 | 系数法或插值法 | 系数法或插值法 | 系数法或插值法 |
| 3 | 0 | 6 | 23 | 23 |
| 5 | 0 | 10 | 25 | 25 |
| 10 | 0 | 20 | 30 | 30 |
| >10 | 0 | 20 | 30 | 30 |

注：1. $E_{s1}$ 为上层土压缩模量，$E_{s2}$ 为下层土压缩模量。

2. $z$ 为基础底面至软弱下卧层顶面的距离，$B$ 为条形基础底边的宽度。

3. 表中的系数法是指现行国家标准《建筑地基基础设计规范》（GB 50007—2011）中的附加应力系数法。

4. 当 $E_{s1}/E_{s2}<3$ 时，可采用系数法或插值法，插值法参照表 4.3.11-2。

5. 对于水平向增强体复合地基，淤泥质黏土上的土工织物垫层 $\theta$ 值为 40°~50°。

表 4.3.11-2　地基应力扩散角 $\theta$（°）

| $z/B$ | $E_{s1}/E_{s2}=1$ | $E_{s1}/E_{s2}=4$ |
| --- | --- | --- |
| 0 | — | — |
| 0.25 | 0 | 5.94 |
| 0.50 | 3.18 | 24.0 |
| 1.00 | 18.43 | 35.73 |

**条文说明**

双线路基沉降计算时，轨道荷载可按双线计算，列车荷载宜按单线计算，低矮路基和软土路堑宜采用双线双荷。

本规程提供了多种沉降计算方法，供设计者参考使用；在布袋注浆桩现场施工时，应进一步总结，提高沉降计算的准确性。

**4.3.12** 地基工后沉降量应按式（4.3.12-1）和式（4.3.12-2）进行计算：

$$S_r = S - S_T \tag{4.3.12-1}$$

$$S_T = \sum_{i=1}^{n} U_i S'_i \tag{4.3.12-2}$$

式中：$S_r$——工后沉降量（m）；

$S$——地基总沉降（m），总沉降包含轨道荷载和列车荷载作用产生的沉降；

$S_T$——施工期沉降量（m）；

$n$——地层数；

$S'_i$——无荷状态（不考虑轨道荷载和列车荷载作用，采用堆载预压处理时按相应荷载状态计算）下第 $i$ 层土的沉降量（m）；

$U_i$——上部建筑物竣工或路基竣工铺轨时，第 $i$ 层土的沉降完成比例系数（或称施工期沉降完成比例系数），应结合地基条件、地基处理措施、路基填筑完成放置时间及地区经验综合确定，无经验时可按表4.3.12取值。

**表4.3.12 施工期沉降完成比例取值**

| 地基土类型 | 荷载稳定3个月 | 荷载稳定6个月 | 荷载稳定12个月 |
| --- | --- | --- | --- |
| 中高压缩性土（未加固） | 70%~85% | 80%~90% | 85%~95% |
| 中低压缩性土（未加固） | 80%~85% | 85%~90% | 90%~95% |

注：中低压缩性土是指压缩系数为 0.1~0.3MPa$^{-1}$ 的土；中高压缩性土是指压缩系数为 0.3~0.5MPa$^{-1}$ 的土。

**条文说明**

地基不仅应有足够的强度来保证路堤的稳定，还应有一定的刚度，以保证路基竣工后不致产生过量下沉，影响线路轨道的稳定平顺。

路基建成后发生的变形、沉降主要有路堤（主要是基床）在列车荷载作用下发生的变形、路堤本体在自重作用下的压密沉降、支撑路基的地基压密沉降。在路堤填料的材质与施工质量有保证的前提下，前两部分的数值是有限的，因此控制路堤沉降主要是指控制地基的工后沉降。

根据《高速铁路路基工程地基沉降控制技术研究》成果：

（1）对于中低压缩性土，施工期沉降量完成比例系数可取 80%~95%，一般预压3个月可取 80%~85%，预压6个月可取 85%~90%，预压12个月可取 90%~95%，具体视地基土软硬程度、路堤荷载大小及下卧层厚度决定取值。

(2) 对于中高压缩性土，施工期沉降量完成比例系数在路基荷载稳定3个月后，总沉降完成比例可取70%~85%，6个月后可取80%~90%，12个月后可取85%~95%。

(3) 对于高压缩性土，采用柔性桩、刚性桩为主进行地基处理时，可以根据施工期沉降完成比例，估算工后沉降。荷载稳定3个月时复合地基加固区沉降完成比例可取85%~95%。

**4.3.13** 路堑及填高小于基床厚度的低路堤，地基承载力应满足现行行业标准《铁路路基设计规范》（TB 10001）的要求。

**4.3.14** 复合地基承载力应满足式（4.3.14）要求：

$$p_k \leq k\sigma_{sp} \tag{4.3.14}$$

式中：$p_k$——路基底面处压力值（kPa）；

$\sigma_{sp}$——复合地基容许承载力（kPa）；

$k$——地基承载力计算修正系数，对于挡土墙、涵洞等刚性基础地基其值取1；对于路堤、场坪等柔性基础地基其值可取1.5~1.8，当路基稳定安全系数取小值时，$k$取大值，当路基稳定安全系数取大值时，$k$取小值。

**条文说明**

就基础刚度而言，路基属柔性基础范畴，其承载力与变形性状与刚性基础有所不同。目前常用的承载力计算理论都是基于刚性基础得来的，严格来讲，这些理论并不完全适用于柔性基础。国内外学者已对柔性基础与刚性基础的承载力做过比较分析，《复合地基工后沉降计算方法及相关技术标准研究》收集的相关研究成果表明，二者的比值为1.03~1.75，柔性基础的承载力大于刚性基础。

理论上，地基容许承载力随着基础沉降允许值的增加而增大，因为随着基础沉降允许值的增加，产生允许沉降所需要的压力就越大，从而表现为地基容许承载力越大。一般工业与民用建筑物除对地基不均匀沉降有要求外，对地基总沉降也有严格限制，而铁路路基主要控制工后沉降，对总沉降则没有严格要求，因此对承载力的要求可适当放宽。

为充分发挥地基的承载能力，在满足稳定与工后沉降要求条件下，对一般路堤、场坪等柔性基础地基容许承载力的要求适当降低，其地基容许承载力可以乘1.5~1.8的修正系数，当路基稳定安全系数取小值时，$k$取大值，当路基稳定安全系数取大值时，$k$取小值；既有线路基帮宽，承载力低时变形较大，$k$取小值。对于对沉降严格的挡土墙、涵洞等刚性基础的地基承载力则不进行修正。

为此，可以在综合考虑铁路等级、轨道类型、工程环境及桩型类别等因素的基础上，选取铁路路基工程的地基容许承载力提高系数，见表4-3。对于桩身可能分担较大荷载的端承桩复合地基，若取较高$k$值，桩体产生压剪破坏的风险会增大；对于摩擦型桩，由于桩体可发生较大刺入下沉，桩土荷载的调节能力较强，$k$ 值可以适当提高；对于采取侧向约束桩、反压护道等增加稳定性措施的路堤、超宽路基中不受稳定控制的锅底形地基，$k$ 值可以提高，一般不大于2。

**表4-3 铁路路基工程地基容许承载力提高系数建议值**

| 列车设计行车速度 $v$（km/h） | 容许承载力提高系数 $k$ | 备注 |
|---|---|---|
| $250 \leqslant v \leqslant 350$ | $\leqslant 1.5$ | 端承桩 $k \leqslant 1.6$ |
| $120 < v \leqslant 200$ | $\leqslant 1.6$ | |
| $v \leqslant 120$ | $\leqslant 1.7$ | |
| 场坪及其他 | $\leqslant 1.8$ | |

**4.3.15** 布袋注浆桩桩顶宜设置加筋垫层，垫层厚度宜为200～500mm。

**4.3.16** 桩顶设扩大桩头时，可设底部和桩体直径一致、上部直径适当加大的变截面桩头，施工时将桩头范围的桩体挖除，现场浇筑不低于C25混凝土；扩大桩头的混凝土强度等级应满足设计要求。

**4.3.17** 桩顶设桩帽时，可现场浇筑不低于C35钢筋混凝土，桩顶嵌入桩帽，桩帽面积和厚度可根据桩间距及荷载确定。

# 5 施工

## 5.1 一般规定

**5.1.1** 施工前应核对地质资料，发现地质情况与设计不符时，应及时反馈给有关单位。

**5.1.2** 施工前应调查施工影响范围内的地面、地下建筑物、构筑物及管线，必要时采取迁改或保护措施。

**5.1.3** 施工前，应根据不同的地质条件和设备组合选择有代表性的地段进行成桩工艺性试验，试验结果经确认后，方可展开施工。

## 5.2 施工准备

**5.2.1** 施工现场调查应包括下列内容：
1 当地交通情况。
2 施工地段地形、气候、水文等情况。
3 施工现场地下隐埋物。
4 施工场地周边环境。

**5.2.2** 布袋注浆桩施工准备应包括下列内容：
1 施工前进行工程施工图会审、设计交底、地质资料核对。
2 编制施工专项方案并审核确认。
3 组织施工人员进行施工技术、安全交底。
4 施工场地平整处理，满足设备施工要求。
5 高空和地下障碍物处理，施工场地及周边应保持排水畅通。
6 施工机械准备。
7 编制布袋注浆桩工艺性试验方案，进行施工工艺参数试验。
8 设计桩位测量放样。

**5.2.3** 布袋注浆桩施工专项方案应包括下列内容：

1 工程概况。
2 编制依据。
3 场地岩土特性及工艺性试验总结。
4 施工部署和施工方案。
5 施工操作工艺要点。
6 资源配置计划。
7 施工进度计划。
8 施工质量、安全、环境保护的控制措施。
9 施工风险分析及应急预案。

**5.2.4** 施工机械的选择应符合下列规定：

1 应根据设计要求或试桩的资料选择成孔、注浆等施工机械，一般可采用长螺旋钻机、正循环钻机、工程地质钻机、振动锤沉管机等。

2 注浆机械应采用流量自动记录装置。

**5.2.5** 工程施工前应按下列要求进行施工工艺参数试验。

1 工艺试验参数取值范围应符合下列规定：

（1）注浆压力宜为 0.2~0.6MPa，每分钟注浆量宜为 20~50L。

（2）注浆浆液应经试验确定，拌制过程应严格控制水灰比，加水应采用容器计量。

（3）桩体强度应满足设计强度要求。

2 施工前应依据不同的地质条件和设备组合选择有代表性的地段进行成桩工艺性试验，试验不少于3个单元，检查设备、施工工艺、设计参数是否符合要求；试桩的规格、长度应符合设计要求，试验桩与工程桩的施工工艺、条件应一致。

3 应根据试桩的参数优化设计，并根据试桩的结果调整施工方案或施工组织设计。

4 布袋注浆桩质量检验应包括桩身完整性、均匀性、桩身强度、单桩或复合地基承载力等。

（1）成桩7d后，可采用浅部开挖桩头，量测成桩直径、观测成桩质量。

（2）成桩28d后，可在桩长范围内垂直钻孔取芯，观察桩体完整性、均匀性，检查桩长；取不同深度的不少于3个试样作抗压强度试验；钻芯后孔洞采用水泥砂浆灌注封闭。

（3）布袋注浆桩承载力检验宜在成桩28d后进行，采用单桩或者复合地基荷载试验。

**5.2.6** 施工过程中应对周围建（构）筑物的水平位移、竖向位移、裂缝情况，以及周围管线变形进行监测，宜对地表竖向变形进行监测。

**5.2.7** 在邻近营业线（或既有构筑物）施工时，应制定监测方案，并按相关要求进行监测；施工过程中应加强监测，如遇监测值预警、超限等情况，应立即停止施工，分析、查明原因，采取有效措施后，方可继续施工。

## 5.3 施工工艺

**5.3.1** 布袋注浆桩施工可按图 5.3.1 所示工艺流程进行；工作内容可参考附录 B 典型施工案例。

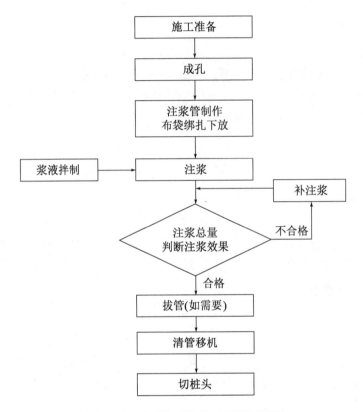

图 5.3.1 布袋注浆桩施工主要流程图

**条文说明**

布袋注浆桩施工主要工序如下：将符合设计深度的土工布袋套在注浆塑料管外，两端用铁丝扎紧，以保证注入袋内的浆液不从两端溢出；每隔 1m 用牛筋扣或铅（或铁）丝将土工布袋扎牢固（若用细铁丝，不可绑扎过紧，应保证布袋能顺利膨胀），然后连同注浆管一并放入已钻好的孔内；通过注浆泵将搅拌好的浆液注入孔内，孔底返浆、自下而上逐节压入，注浆量应大于布袋套体积。随着浆液的逐节压入，使整条土工布袋以注浆管为轴心形成一个形似圆柱状的长桩。主要施工照片如图 5-1～图 5-8 所示。

图 5-1　地质钻机成孔

图 5-2　振动沉管成孔

图 5-3　套袋管安装

图 5-4　套环与注浆管安装

图 5-5　套袋管底部绑扎

图 5-6　堵头与套环

图 5-7 套袋管安放（一）　　　　图 5-8 套袋管安放（二）

**5.3.2** 布袋注浆桩成孔应符合下列规定：

1 布袋注浆桩应按设计位置进行现场放样，孔位（纵、横）允许偏差50mm。

2 布袋注浆桩成孔直径不得小于设计值，成孔深度应大于设计桩长15~20cm。

3 易坍孔地层宜采用泥浆循环；成孔过程中应控制和保持钻杆垂直，确保桩身垂直度，钻孔倾斜度不应大于1%。

4 监理工程师应对桩位、孔径、桩长、垂直度检查验收；勘察单位对地质条件进行复核确认，形成记录表。

5 实施前，为防止钻孔缩颈、桩径达不到设计要求，必须根据加固深度和地层情况，通过现场试桩确定注浆压力；实施中，严格执行经试验确定、各方确认的试验参数，保证成桩质量。

6 成孔后应及时下管注浆。

7 合理规划钻机移动路线，防止造成已成桩的桩顶损坏。施工顺序采用间隔跳打的方式，若一侧有重要建（构）筑物时，应按照由内向外依次向远离建（构）筑物方向跳排施工。

**条文说明**

成孔钻头大小宜综合考虑成桩质量、水泥用量、单桩承载力、泥浆排出量、周围土体挤密效果等因素综合确定，一般可小于设计桩径0.05~0.1m；所在地层较好时宜采用较大直径钻头，软土层成孔不宜过大。

施工时根据现场实际情况选择适宜的钻机并比选钻头直径，进行钻孔施工。成孔设备可选用工程地质钻机或者潜孔钻机等；成孔钻进时可用清水循环，对于易坍孔地层可采用泥浆或加入粉煤灰等循环；施工顺序采用间隔跳打的方式，若一侧有重要建（构）

筑物或铁路既有线时，应按照由内向外依次向远离建（构）筑物方向跳排施工；钻机应用水准尺校平，保证机身水平，钻孔垂直偏差不大于1%。

**5.3.3** 浆液拌制应符合下列规定：
1 拌制设备应采用强制式拌浆设备。
2 注浆浆液拌制应采用工艺试验确定的施工配合比，严格控制水灰比，拌制加水应采用容器计量。
3 浆液黏度宜为30～35s，相对密度宜为1.4～1.7，析水率宜小于3%。
4 搅拌时可加入适量膨润土，加入量不宜大于主料（水泥+粉煤灰）的5%；制备好的水泥浆停置时间不应过长，宜在1h内注浆完成，浆液在灰浆搅拌机中应不间断搅拌。

**条文说明**

浆液拌制：浆液拌制严格控制水灰比（水：水泥：粉煤灰）。浆液基本性能需达到如下标准：A. 黏度为30～35s；B. 比重为1.4～1.7；C. 析水率<3%。

现场必须严格按照工艺试验确定的浆液配合比进行浆液拌制。注浆浆液配方由水、水泥、粉煤灰（或细砂）等组成，必要时可添加膨润土。为改善水泥的和易性，以提高水泥浆液的强度和耐久性，在制作水泥浆液时，可掺入适量的外加剂，如三乙醇胺、木质素磺酸钙等。三乙醇胺是一种早强剂，可增加桩的早期强度。木质素磺酸钙主要起减水作用，能增加水泥浆的稠度，有利于泵送，掺入量为水泥用量的0.2%。浆液搅拌和存储时间应满足相关要求，制备好的浆液应均匀、不离析。

**5.3.4** 注浆管、土工布袋制作绑扎应符合下列规定：
1 注浆管、土工布袋、铅丝等原材料质量应满足设计要求。
2 注浆管管节间连接、底部封堵应符合设计要求。注浆管长度宜大于设计孔深35～50cm，注浆管底部管壁应钻孔，孔眼尺寸、间距、布置形式应满足设计要求。注浆管顶部加装注浆控制阀。
3 土工布袋应满足高压注浆条件下不破裂和浆液不渗漏，且能渗水的要求，长度宜大于设计孔深1m的要求。
4 将土工布袋套于注浆花管和注浆管外，土工布袋的底端用铁丝绑扎2道。土工布袋在注浆花管上每间隔1m用铅丝或牛筋扣固定，土工布袋上口用铁丝将其在塑料管上绑扎2道，上口绑扎位置应在设计桩顶500mm以上。

**条文说明**

土工布袋绑扎不能绑扎过于牢固，既要保证土工布袋能顺利进入孔内，还要便于浆液在自重情况下能将土工布袋撑开。

**5.3.5** 土工布袋下放应符合下列规定：
1 钻机成孔后应及时下放套有土工布袋的注浆管，上浮时应固定。
2 土工布袋下放时，应根据实际孔深和注浆管长度确保土工布袋下放至实际钻孔底部。
3 如因塌孔、缩径等情况，土工布袋无法下放至孔底，应撤出土工布袋重新钻孔，二次下放土工布袋。

**条文说明**

加筋注浆管通过热熔法连接，底部用堵头封住，通过电钻制作下部花管段孔眼。

成孔后将钻机移位，将绑扎好的布袋随注浆管人工下放到成孔孔底，上端露出地面0.5m以上。布袋的底端向上0.3m，用铁丝绑扎两道，并检查是否扎紧，以免底板泄浆；中部每隔1m左右用铅丝或牛筋扣绑扎一道，以保证土工布袋顺利进入孔内；布袋上口绑扎位置在设计桩顶0.5m以上，用铅丝将其和塑料套环扎牢，以保证在设计位置能形成桩径一致的柱状体布袋注浆桩，在土工布袋上口应做设计桩长的标记，确保土工布袋下至孔底。

由于软土层极易缩孔，成孔后应及时下放土工布袋，以保证桩长、桩径满足设计要求，间隔时间过长或缩孔时应重新扫孔。为避免土工布袋受孔内泥浆浮力过大难以置于孔底或上浮，宜排尽土工布袋内空气或静置数分钟后再注浆。

**5.3.6** 布袋注浆桩注浆、拔管、清管应符合下列规定：
1 注浆：注浆宜采用孔底返浆的方式，自下而上一次注浆；应严格按确定的注浆量、注浆压力、注浆速度进行操作；注浆浆液充盈系数宜为1.15~1.25。
2 补浆：注浆首次注满后，待浆液回落，应再补注一定量的浆液，直至浆液面再次溢出孔口。
3 拔管：补浆完成，浆液面稳定后，可拔出注浆管；亦可将注浆管保留在孔内不进行拔除，作为布袋桩加筋材料；注浆管采用钢管时宜拔出，采用PP-R管时可不拔出。
4 清管：注浆完毕后，打开回流阀，释放注浆系统的压力完成清管，可等待下一孔注浆施工。

**条文说明**

注浆：按设计和工艺试验确定的浆液配合比进行注浆，浆液在孔口充分溢出后，停止注浆，注浆过程中保持配浆搅拌机不停地搅拌浆液。

土工布袋注浆的注浆压力和浆液自重之和必须大于地层的被动土压力和孔内液体压力，否则达不到膨胀土工布袋的目的。由于不同土层的土压力不同，注浆压力的大小对桩的形状、质量和对桩间土体的挤密效应影响不同，且与土工布袋在地层约束条件下能承受的最大膨胀压力有关。因此，注浆压力应根据设计桩长、地层条件、布袋性能等参数，通过试验综合确定。

布袋注浆桩的注浆量不小于设计值，设计注浆量按式（5-1）计算。

$$Q = \eta \pi R^2 L \ (m^3) \tag{5-1}$$

式中：$Q$——设计注浆量（$m^3$）；

$\eta$——浆液充盈系数，一般采用1.15~1.25；

$R$——成桩半径（m）；

$L$——设计桩长（m）。

湖州站布袋注浆桩设计直径35cm，按桩径计算理论注浆量为0.096$m^3$/延米，开孔孔径30cm、设计直径35cm水泥浆液的充盈系数实测为1.06~1.42，平均值为1.25。

边注浆边拔管工艺对拔管速度和注浆压力、流量控制的配合度要求高，易导致某些部位因浆液不足造成缩颈等质量缺陷，因此不推荐采用。采用孔底返浆法施工，桩体质量更优，施工结束至浆液凝固期间仍可多次补浆。

补浆：补浆需在浆液初凝前进行，一般在首次注浆完成后1~2h内实施，宜根据现场实际情况确定补浆量和补浆次数。补浆结束标准以孔口浆面下降速度很慢或几乎不再下降、桩顶能达到设计高程为准，补浆次数一般不少于2次。补浆一般采用小流量、低压力孔底返浆。

拔管：补浆完成，浆液面稳定后，一次性拔管。亦可将注浆管保留在孔内不进行拔除，作为布袋桩加筋材料或留作补浆，注浆管作为加筋材料与土工布袋、水泥共同承担荷载，既省掉了拔管流程，简化施工程序，控制并稳定注浆压力，又增大了桩的水平抗剪力。试验表明，PP-R注浆管可提高桩的水平抗剪力约28.5%。

清管：注浆完毕后，打开回流阀，释放注浆系统的压力，拆卸注浆泵软管与注浆管的接头。当下一孔注浆需要较长等待时间时，用清水冲洗注浆系统，防止浆液凝结堵管。

**5.3.7** 成桩保护应符合下列规定：

1 应避免大型、重载设备碾压。

2 施工桩顶高程宜高出设计桩顶0.3~0.5m，截除桩头宜采用截桩机等专用设备。

**5.3.8** 布袋注浆桩施工顺序宜采用跳桩施工的方式；邻近营业线（或既有构筑物）应按照向远离营业线（或既有构筑物）的方向，由内向外，依次跳排施工。

**条文说明**

邻近营业线（或既有构筑物）地段，先施工靠近既有工程的桩，可对外侧桩的施工干扰形成隔离作用，减小对既有工程的扰动。两侧均受限时，则可按"先周边，后中间"的顺序施工。

## 5.4 施工过程控制

**5.4.1** 布袋注浆桩施工过程中应对场地地质状况进行复查，成孔过程中应依据钻杆长度、渣样和钻机反馈综合判断地质情况，确保桩端置于设计地层的深度。

**5.4.2** 钻孔过程中应做好施工记录，钻孔施工记录应详细、完整，对地层情况等数据以及钻孔难易等情况详细说明。施工记录表可采用附录 C 布袋注浆桩施工记录表。

**5.4.3** 浆液拌制应严格执行工艺试验确定的施工配合比，严格控制水灰比，拌制加水应采用容器计量。水泥浆拌制完成后，检测各性能指标满足要求后，方能进行注浆作业。

**5.4.4** 注浆过程控制应符合下列规定：
1 配置浆液所用的水不应含有影响水泥正常凝结和硬化的有害物质，不应使用污水。
2 浆液应搅拌均匀，搅拌时间在 3～5min 以上，按工艺性试验确定的配合比进行浆液配制，随搅随用，并应在初凝前用完。
3 浆液使用前采取过滤措施，清除其中的粗颗粒。
4 注浆过程中应遵循"慢速均匀"原则进行。
5 注浆泵的压力应根据试桩结果确定，宜为 0.2～0.6MPa，并应考虑地层条件、成桩直径、布袋承压能力、返浆表现、管路损失等对注浆压力的影响，确保足够的压力，如注浆量偏小，则可适当提高注浆压力。
6 注浆结束条件：注浆量、补浆时机应满足设计要求，补浆后浆液应能够达到设计桩顶高程、注浆充盈系数应符合相关规定。

**条文说明**

注浆压力一般采用 0.2～0.6MPa，具体注浆压力根据地质情况、与周边建（构）筑物的距离、成桩质量情况，根据试验确定。试桩完成后，根据试桩结果进行确认。

**5.4.5** 施工过程中应做好废泥浆处理，及时将废泥浆运出或在现场短期存放后作土方运出。

**条文说明**

泥浆管理是文明施工的重要内容,需在开工前做好规划,做到有计划地存放或将废泥浆及时排出现场,保持施工场地的整洁。

**5.4.6** 布袋注浆桩应进行信息化施工,对施工过程进行实时监控。

# 6 质量检查及验收

## 6.1 一般规定

**6.1.1** 布袋注浆桩质量检查及验收资料应齐全、真实、系统、完整。质量检验记录可采用附录 D 布袋注浆桩施工质量检验记录表。

**6.1.2** 布袋注浆桩采用的原材料，施工单位和监理单位应进行进场检验，并形成记录；不合格的原材料不得用于工程施工。

**6.1.3** 布袋注浆桩施工各工序，应按设计文件要求和施工技术标准进行质量控制；每道工序完成后，施工单位应进行测试或检查，并形成记录，相关专业接口工序的检验应经监理工程师检查认可；未经检查或经检查不合格的，不得进入下道工序施工。

**6.1.4** 施工质量验收应包括实体质量检查、观感质量检查、质量控制资料检查等内容；工程观感质量应由验收人员现场检查，并共同确认。

## 6.2 原材料检验

**6.2.1** 布袋注浆桩所用的水泥、粉煤灰及外加剂（设计要求掺加时）的品种、规格、质量及性能应满足设计要求，检验数量、检验方法应符合现行行业标准《铁路混凝土工程施工质量验收标准》（TB 10424）的规定。

**6.2.2** 布袋注浆桩所用土工布袋的品种、规格、质量、性能应符合设计要求。
检验数量：同一厂家、品种、批号，按桩延米数 2% 考虑袋长延米计列。施工单位每批抽样检验 1 次，并满足设计要求的项目抽样检验；监理单位全部见证检验。
检验方法：观察、尺量外观和几何尺寸；查验每批产品的质量证明文件，按设计要求进行项目抽样检验。

**6.2.3** 布袋注浆桩所用注浆管的品种、规格、质量、性能应符合设计要求。
检验数量：同一厂家、品种、批号，按桩延米数 2% 考虑管长延米计列。施工单位每批抽样检验 1 次；监理单位全部见证检验。

检验方法：观察、尺量外观和几何尺寸；查验每批产品的质量证明文件，按设计要求进行项目抽样检验。

## 6.3 桩身质量检查

**6.3.1** 布袋注浆桩质量检验内容应包括桩身直径、桩身完整性、均匀性、桩身强度、单桩或复合地基承载力等。

**6.3.2** 布袋注浆桩桩身完整性、均匀性、桩身强度可采用以下方法检验：

1 成桩14d后，可采用浅部开挖桩头，目测检查布袋注浆桩的成桩情况，量测成桩直径，开挖深度宜为0.5~1.0m。检验数量：施工单位按桩总数的10%抽样检验，且每检验批不少于5根；监理单位全部见证检验。

2 成桩28d后，可在桩长范围内垂直钻孔取芯，观察桩体完整性、均匀性，检查桩长；将桩长分为上、中、下3段，在每段的中部提取芯样做无侧限抗压强度试验。检验数量：施工单位按桩总数的2‰抽样检验，且每个工点不少于3根，钻芯后孔洞采用水泥砂浆灌注封闭；监理单位全部见证检验。

**6.3.3** 布袋注浆桩承载力应满足设计要求，检验宜在成桩28d后进行，应采用单桩或复合地基荷载试验。检验数量：施工单位按桩总数的1‰~2‰抽样检验，且每个工点不少于3根。（邻近）营业线工程以单桩荷载试验为主，监理单位全部见证检验。检验方法采用平板荷载试验。

## 条文说明

根据行业标准《铁路工程基桩检测技术规程》（TB 10218—2019）要求，当采用低应变反射波法或声波透射法检测时，受检桩桩身混凝土强度不应低于设计强度的70%且不应低于15MPa，或桩身混凝土龄期不小于14d。采用低应变法检验布袋注浆桩桩身完整性时，桩身混凝土龄期应大于14d或在28d后结合钻孔取芯进行。

布袋注浆桩的桩体为均匀的水泥结石，28d龄期桩身强度较高，工程应用经验表明，采用低应变反射波法能有效检验桩身缩颈、扩颈和完整性缺陷，可作为桩身完整性检测手段之一。如上海金山铁路工程桩（浆液配合比水∶水泥∶粉煤灰＝1∶0.785∶0.642）28d龄期桩身取芯无侧限抗压强度达16.3~19.6MPa，采用了低应变反射波法进行桩身完整性检测，应用效果较好。由于布袋桩强度较低，桩底反射信号弱，采用低应变检测桩长效果不佳，故本规程未纳入低应变检测。

钻孔取芯法能直观观测桩身水泥结石外观质量，并能制作芯样进行强度试验，是可靠的检测方法之一。布袋注浆桩直径较小，采用在桩径方向1/4处取芯或避开加筋芯材取芯，同时需注意取芯钻孔和成桩垂直度的控制，以免两者垂直度误差叠加，导致无法取芯到达桩底。湖州站直径0.35m布袋加筋注浆桩取芯钻孔一般在12~15m深度处偏出桩外，少量钻至 20m。

静载试验，对于处理下卧层的桩，由于桩头未在地表出露，静载试验无法实施。钻孔取芯法，成桩后因桩直径较小，在桩身钻孔容易钻偏到桩外，桩头埋藏深部，取芯钻机定位困难。常规声波透射法，由于需在桩身预埋声测管，而布袋注浆桩由于施工工艺特点无法预埋声测管，因此该法无法采用。

为解决处理下卧层布袋注浆桩的质量检测问题，可采用一种专门的超声波透射法。其方法是在桩两侧距离桩壁 30cm 布置两个钻孔，在两孔中进行超声波透射，检测成桩直径和长度。

在具体选择布袋注浆桩检测方法时，应根据检测目的、内容和要求，结合各检测方法的适用范围和检测能力，考虑设计、地质条件、施工因素和工程重要性等情况确定。对于桩头出露地表的布袋注浆桩，可参照素混凝土桩的检测方法进行质量检测，通过低应变完整性普查找出桩施工质量问题并对整体施工质量做出评估，再采用钻孔取芯法、静载试验和开挖等方法进行验证；对于赋存于地层深部的布袋注浆桩，主要通过过程控制保证施工质量，也可采用钻孔取芯法结合专门的超声波透射法。

布袋注浆桩的桩身质量检测方法汇总见表 6-1，具体项目所采用的桩身质量检验方法和要求，应与相应的工程施工质量验收标准对应，本规程给出高速铁路、普通铁路的相关要求，其他工程应按工程类型结合相关施工质量验收标准另行确定。

**表 6-1 布袋注浆桩的桩身质量检测方法**

| 分类 | 检测项目 | 要求 | 检测方法 |
| --- | --- | --- | --- |
| 桩头出露地表 | 完整性 | 符合设计要求 | 低应变 |
| | 完整性、桩身强度 | 不低于设计要求 | 钻孔取芯、开挖 |
| | 承载力 | 不低于设计要求 | 静载试验 |
| 桩埋藏深部 | 桩身强度 | 不低于设计要求 | 钻孔取芯 |
| | 完整性、桩径、桩长 | 符合设计要求 | 超声波跨孔透射法 |
| | 完整性、桩长、桩身强度 | — | 过程控制：主要通过钻孔深度、布袋长度、插入深度、浆液比重、注浆压力、注浆量等控制 |

本规程桩身质量检验方法和检验数量参考行业标准《高速铁路路基工程施工质量验收标准》（TB 10751—2018）和《铁路路基工程施工质量验收标准》（TB 10414—2018）中其他具有黏结强度竖向增强体（如旋喷桩、水泥粉煤灰碎石桩及素混凝土桩）的相关规定制定，由于两本验收标准部分检验数量不同，如荷载试验检验数量：《高速铁路路基工程施工质量验收标准》（TB 10751—2018）为桩总数的 1‰，且每个工点不少于 3 根；《铁路路基工程施工质量验收标准》（TB 10414—2018）规定为桩总数的 2‰，且每个工点不少于 3 根。本规程进行了综合处理，设计时应根据具体项目确定。

## 6.4 工程质量验收

### 一 般 规 定

**6.4.1** 布袋注浆桩的工程质量验收应具备下列资料：
1 工程地质勘察报告、桩基施工图、图纸会审及设计交底纪要、设计变更等。
2 原材料的质量合格证和复检报告。
3 试桩资料。
4 桩位测量放线图，包括工程桩位线复核签证单。
5 浆液质量检验报告。
6 成孔、注浆等施工记录及检验记录。
7 桩体质量检测报告。
8 复合地基或单桩承载力检测报告。
9 基桩竣工平面图。
10 工程质量缺陷调查处理资料。

**6.4.2** 布袋注浆桩分项工程质量验收应符合下列规定：
1 所含的检验批均验收合格。
2 所含的检验批的质量验收记录应完整。

**6.4.3** 检验批质量不符合要求时，应返工重做，重新进行验收；对试块、试件的试验结果有怀疑时或因试块试件丢失损坏、试验资料缺失等无法判断实体质量时，应由具备资质的法定检测单位对实体质量进行检测鉴定，达到设计要求的检验批可予以验收。

### 主 控 项 目

**6.4.4** 布袋注浆桩成桩所用材料的品种、规格、质量及性能应满足设计要求，其质量验收应符合相关验收标准的规定。

**6.4.5** 布袋注浆桩桩体所用注浆材料及浆液的品种（类别）、规格、质量及性能应满足设计要求，其质量验收应符合现行行业标准《铁路混凝土工程施工质量验收标准》（TB 10424）的相关规定。

**6.4.6** 布袋注浆桩的处理范围、数量、布置形式应满足设计要求。
　　检验数量：施工单位、监理单位全部检验。
　　检验方法：观察、尺量处理范围和布桩形式，现场清点桩数。

**6.4.7** 布袋注浆桩桩长应满足设计要求，桩底应置于设计要求的地层。
　　检验数量：施工单位、监理单位全部检验。
　　检验方法：查验进入设计地层后的钻进电流值。

**6.4.8** 布袋注浆桩单桩加固料用量应满足设计要求。
　　检验数量：施工单位全部检验、监理单位按施工单位检验数量的20%见证检验。
　　检验方法：检查自动记录仪的打印记录。

**6.4.9** 布袋注浆桩桩身完整性、均匀性、桩身强度应满足设计要求，检验数量和方法应符合本规程6.3.2条的规定，监理单位全部见证检验。

**6.4.10** 布袋注浆桩单桩或复合地基承载力应满足设计要求，检验数量和方法应符合本规程6.3.3条的规定，监理单位全部见证检验。

一 般 项 目

**6.4.11** 布袋注浆桩施工的允许偏差、检验数量及检验方法应符合表6.4.11的规定。

表6.4.11 布袋注浆桩施工的允许偏差、检验数量及检验方法

| 序号 | 检验项目 | 允许偏差 | 施工单位检验数量 | 检验方法 |
| --- | --- | --- | --- | --- |
| 1 | 桩位（纵横向） | 100mm | 按成桩总数的10%抽样检验，且每检验批不少于5根 | 经纬仪或钢尺丈量桩体中心 |
| 2 | 桩体有效直径 | 不小于设计值 | | 开挖50～100cm深后，钢尺丈量3个方向直径，计算平均值 |
| 3 | 孔位中心 | 100mm | 全部检验 | 仪器测量或尺量 |
| 4 | 桩孔垂直度 | ≤1% | 全部检验 | 仪器测量或测斜仪、超声波检查 |

# 7 施工安全与环境保护

## 7.1 一般规定

**7.1.1** 施工前，施工组织设计或施工方案应按规定程序审批通过；应与营业线设备管理单位及行车组织单位签订安全配合协议，并先探明作业范围内地上和地下管线，确认安全无误后方可开工。

**7.1.2** 施工时，应严格按照操作规程进行作业；邻近营业线施工时，应严格执行铁路部门制定的有关邻近营业线施工安全管理规定，做好监测工作，确保营业线运营安全。机械操作员等特殊工种、营业线施工管理人员必须经专门培训，经考试合格取得操作证后，方可上岗作业。

**7.1.3** 施工单位应制定有效的环境保护措施，保护水质，控制泥浆、扬尘，减少噪声和废气污染。

## 7.2 施工安全

**7.2.1** 施工机械进场前，施工场地应进行平整处理，桩机移动的范围内除应保证桩机垂直的要求外，还应考虑地面的承载力，以保证施工机械安全作业。

**7.2.2** 供电电压低于 350V 时，应暂停施工。泵送水泥浆前，管路应保持干净。

**7.2.3** 首次操作钻机时，必须检查电源线是否可靠，检查电源的负荷能力是否适合。

**7.2.4** 施工前应对拟安装的注浆压力表进行标定，安装时应确保牢靠，施工过程中应严格按工艺性试验确定的注浆压力参数控制。

**7.2.5** 钻机作业中，电缆应配备专人负责收放；如遇停电，应将各控制器放置零位，切断电源；如遇卡钻，应立即切断电源，停止下钻，未查明原因前，不强行启动；严禁用手清除钻杆上的泥土，发现紧固螺栓松动时，应立即停机重新紧固后方可继续作业。

**7.2.6** 灰浆泵应定期拆开清洗，注意保持齿轮减速箱内润滑油的清洁。

**7.2.7** 水泥应加细筛过滤，不得有硬结块。输浆管路应干净，每次完工后彻底清洗一次，严防水泥在管内结块。搅拌缸体应设安全防护金属平网。

**7.2.8** 注浆前应检查注浆管是否连接牢靠、管道是否顺直。

**7.2.9** 作业后，应先清除钻杆上的泥土，再将钻头移至下一待钻孔位，各部分制动，操纵杆放到空挡位置，切断电源，清理打扫完现场，方可离开。

**7.2.10** 施工前应核查设备情况，落实管线、光电缆的准确位置，确定防护范围，加强监护。

**7.2.11** 邻近营业线施工前，应编制营业线监测方案，经设备管理单位及运营单位认可后，进行营业线路及构筑物监测；当变形速率及变形量达到预警值时，应立即停止施工，分析清楚原因，采取有效措施并经复查认可后，方可继续施工。

**7.2.12** 邻近营业线施工前应对全体职工进行施工安全知识培训，提高对保证营业线安全的认识，施工时应设立安全警示标志，并配备专职防护员。保证施工中绝对不得危及行车安全。

**7.2.13** 钻机应严格按施工方案占位，邻近营业线时，应采用矮塔架钻机。

**7.2.14** 在架空线下施工前，应与管理单位确认施工安全高度，严禁机械设备进入安全限界距离。

**7.2.15** 防护员上岗作业必须穿防护服，配齐防护工具。

## 7.3 环境保护

**7.3.1** 作业现场应保持清洁整齐，水泥浆在储灰罐中集中拌制，应在水泥浆搅拌处搭设防尘棚。

**7.3.2** 施工前应检查设备运转连接部位，做好必要养护，避免噪声；若需夜间施工，应向相关部门申领夜间施工许可证，并公告附近居民，采取降噪措施后方可施工。

**7.3.3** 进场主干道应硬化处理，并及时洒水；道口宜设洗车池，上道前应确保车辆干净，敞口型车斗应采取覆盖加固措施，施工及生活垃圾应按照地方环保政策，分类运输至指定消纳场。

**7.3.4** 现场应设泥浆池或采用专门的泥浆箱储备、循环泥浆，及时掏渣至既定存放场地晾晒后，清运至指定弃土场；当采用泥浆池时，浆池内侧宜设塑料薄膜防渗。

**7.3.5** 在注浆过程中，应防止冒出的泥浆及水泥浆污染环境，可在桩位四周挖截水沟将冒出的浆液引至沉淀池后外运处理。

**7.3.6** 施工过程中应经常检查管道的损坏状况；施工完毕后不应随意排放多余泥浆。

**7.3.7** 水泥使用完毕后，水泥袋应回收存放，不应随意丢弃。

**7.3.8** 现场应设垃圾池，生活垃圾不应乱堆、乱放，应存放到垃圾池内集中处理。

# 附录 A 典型设计算例

**A.0.1** 典型设计算例初始条件如下所述。

1 设计主要技术标准按下列条件考虑：

（1）线路主要技术标准：客货共线电气化Ⅰ级铁路，设计速度为200km/h，双线有砟轨道。

（2）路基稳定控制标准：依据行业标准《铁路特殊路基设计规范》（TB 10035—2018）表3.1.5，施工期稳定安全系数不应小于1.15，运营期稳定安全系数不应小于1.2。

（3）路基沉降控制标准：依据行业标准《铁路路基设计规范》（TB 10001—2016）表3.3.6，一般地段工后沉降不大于150mm，沉降速率不大于40mm/年。

（4）检算断面按下列条件考虑：路堤填土高度3m，边坡坡率1∶1.5，路基面宽13.2m，双线线间距4.4m，设计断面示意如图A.0.1所示。

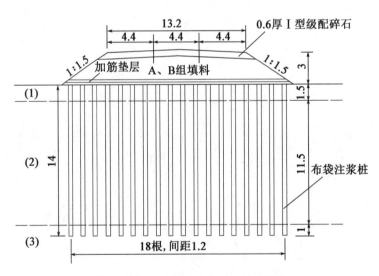

图 A.0.1 算例设计断面示意图（尺寸单位：m）

（5）路基荷载按下列条件考虑：路基面以上荷载依据行业标准《铁路路基设计规范》（TB 10001—2016）表4.2.3，列车荷载分布宽度 $L_0$ 为3.3m，列车单位荷载 $q$ 为54.11kN/m²，轨道单位面积荷载 $p$ 为14.25kN/m²。

2 地质条件及地层参数按下列条件考虑：

（1）路堤填料指标为：重度21kN/m³，黏聚力10kPa，内摩擦角30°。

（2）地层代号及岩土施工工程等级为：

①$Q_4^{al+l}$粉土夹粉质黏土，稍密，Ⅱ级，厚1.5m；

②$Q_4^{al+l}$淤泥质粉质黏土，灰黑色~灰白色，流塑，Ⅱ级，厚11.5m；

③$Q_3^{al+pl}$粉质黏土，灰黄色~黄褐色，硬塑，Ⅲ级，厚度大于20m。

（3）岩土体物理力学参数按表A.0.1确定。

**表A.0.1 岩土体物理力学参数表**

| 地层代号 | 天然含水率$\omega$（%） | 天然重度$\gamma$（kN/m³） | 天然孔隙比$e$ | 液性指数$I_L$（%） | 黏聚力$c$（kPa） | 内摩擦角$\varphi$（°） | 固结快剪内摩擦角$\varphi_{cu}$（°） | 压缩模量$E_s$（MPa） | 天然地基基本承载力$\sigma_0$（kPa） |
|---|---|---|---|---|---|---|---|---|---|
| (1) | 29.85 | 18.90 | 0.85 | 0.60 | 4.00 | 25.90 | 30.20 | 4.10 | 100 |
| (2) | 50.66 | 17.50 | 1.36 | 1.36 | 6.37 | 5.21 | 8.50 | 2.09 | 60 |
| (3) | 25.72 | 19.90 | 0.74 | 0.22 | 49.66 | 15.38 | 20.50 | 8.20 | 200 |

（4）水文地质条件：地下水主要为第四系孔隙水，水位埋深约0.5m；地下水对混凝土无侵蚀性。

（5）地震动参数：基本地震动峰值加速度0.05$g$，基本地震动加速度反应谱特征周期为0.35s。

3 地基加固方案按下列条件考虑。

地基加固方法：布袋注浆桩。

布桩方式：桩体直径为0.4m；正方形布桩，桩间距为1.2m。

加固范围：距左侧坡脚0m，距右侧坡脚0m。

加固深度：布袋注浆桩加固至第3层（3）加固区内1m。

加筋垫层：0.5m厚碎石垫层内铺设一层土工格栅，土工格栅纵横向抗拉强度为100kN/m，抗拉强度综合影响系数为3.5。

布袋注浆桩体压缩模量$E_p$为90MPa；室内标准试块标准养护28d立方体抗压强度平均值$P_f$为5MPa；桩身强度折减系数$\eta$为0.3。

**A.0.2** 稳定性计算按下列条件考虑：双线路基稳定性计算时，运营期轨道及列车荷载均按双线双荷设计；施工期不考虑轨道及列车荷载。

1 复合地基抗剪强度计算如下：

复合地基面积置换率：$m = \dfrac{A_p}{A_e} = \left(\dfrac{0.4}{1.2 \times 1.13}\right)^2 = 0.087$；

按式（4.3.5-1）计算加固区各层的复合地基抗剪强度，过程见表A.0.2。

表 A.0.2 复合地基抗剪强度计算

| 加固分区 | 桩间土抗剪强度 $\tau_s$ (kPa) | 桩体抗剪强度 $\tau_p$ (kPa) | 复合地基抗剪强度 $\tau_c$ (kPa) |
|---|---|---|---|
| （1）加固区 | 4.00 | 1000.00 | 90.67 |
| （2）加固区 | 6.37 | 1000.00 | 92.83 |
| （3）加固区 | 49.66 | 1000.00 | 132.36 |

2 稳定安全系数计算如下：

（1）运营期稳定安全系数计算。

采用图 A.0.2 所示的瑞典条分法，按式（4.3.6-1）计算加固后路堤和地基的整体稳定性，经搜索运营期最不利的滑弧圆心为（-11.48，9.95），半径为 18.86m。

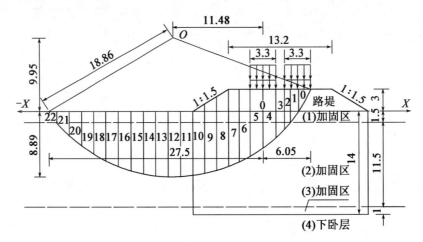

图 A.0.2 瑞典条分法计算示意图（尺寸单位：m）

沿最不利的滑弧滑动时，稳定安全系数：

$$F_S = \frac{\sum S_i + \sum S_j + T}{P_T} = (1977.85 + 100/3.5)/757.14 = 2.65 > 稳定控制标准 1.2；$$

加固后的路基稳定安全系数满足设计要求。

（2）施工期稳定安全系数计算。

计算施工期稳定安全系数大于 2.65，其大于稳定控制标准 1.15，满足设计要求。

**A.0.3** 路基底应力计算如下所述。

列车与轨道组成的换算土柱荷载为：

双线双荷 $P' = 2(q+p)L_0 = 2 \times (54.11 + 14.25) \times 3.3 = 451.18$ kN/m；

双线单荷 $P' = (q+2p)L_0 = (54.11 + 2 \times 14.25) \times 3.3 = 272.61$ kN/m。

依据《铁路工程设计技术手册——路基》（中国铁道出版社，1995）方法计算路基底应力分布。由集中荷载 $P_0$ 所引起的路基底应力 $\sigma'_z$ 呈"钟"形分布；由路堤填土荷载引起的路基底应力 $\sigma''_z$ 为梯形分布，形状同路基填筑形状。按应力叠加原理，路堤内任一点的垂直向合应力为：$\sigma_z = \sigma'_z + \sigma''_z$，这两部分应力分布合成最终路基底的应力分布 $\sigma_z$。

计算得到路基底最大垂直向合应力位于路堤中心上，此即最大路基底应力：

$$\max\sigma_z = -\left(\frac{2P_0}{2\alpha+\sin2\alpha}\cdot\frac{1}{H_0}+\gamma H_0\right) = -\left[\frac{P_0}{H_0\left(2+\dfrac{m}{1+m^2}\right)}+\gamma H_0\right]$$

计算得到最大路基底应力为：

双线双荷时 $\max\sigma_z = 105.21\text{kPa}$；

双线单荷时 $\max\sigma_z = 88.51\text{kPa}$；

无荷时 $\max\sigma_z = \gamma h = 21 \times 3 = 63\text{kPa}$。

**A.0.4** 承载力计算按双线路基考虑，轨道及列车荷载均按双线双荷计算。

1 单桩竖向容许承载力计算如下：

桩身周长 $u_p$ 为 1.2567m；桩身截面积 $A_p$ 为 0.1257m²；桩端地基土容许承载力折减系数 $\alpha$ 为 0.8，桩端地基土容许承载力 $q_p$ 为 200kPa；桩周各土层容许摩阻力 $q_i$ 按《建筑桩基技术规范》（JGJ 94—2008）表 5.3.5-1 中泥浆护壁钻孔桩取值，取表中极限值的一半；按式（4.3.8-1）和式（4.3.8-2）计算单桩竖向容许承载力，过程见表 A.0.4。

**表 A.0.4 按摩阻力计算单桩竖向容许承载力**

| 加固分区 | 土层厚度 $l_i$ (m) | 桩周各土层容许摩阻力 $q_i$ (kPa) | 桩端地基土容许承载力 $q_p$ (kPa) | 桩周摩阻力 (kN) | 桩端承载力 (kN) | [P] (kN) |
|---|---|---|---|---|---|---|
| （1）加固区 | 1.50 | 12.00 | | 22.62 | | |
| （2）加固区 | 11.50 | 10.00 | | 144.51 | | |
| （3）加固区 | 1.00 | 40.00 | 200.00 | 50.27 | 20.11 | |
| 合计 | 14.00 | | | 217.40 | 20.11 | 237.50 |

按桩周摩阻力、桩端承载力合力计算：$[P] = u_p\sum_{i=1}^{n}q_i l_i + \alpha A_p q_p = 237.50\text{kN}$；

按桩身材料强度计算：$[P] = \eta P_f A_p = 0.3 \times 5000 \times 0.1257 = 188.55\text{kN}$；

两者取小值得：$[P] = 188.55\text{kN}$。

2 复合地基容许承载力计算如下：

桩底为硬土层，桩间土承载力折减系数 $\beta$ 取 0.3；

复合地基面积置换率：$m = \dfrac{A_p}{A_e} = \left(\dfrac{0.4}{1.2 \times 1.13}\right)^2 = 0.087$；

经布袋注浆桩加固后，地面处复合地基容许承载力为：

$$\sigma_{sp} = m\frac{[P]}{A_p} + \beta(1-m)\sigma_s$$

$$= 0.087 \times \frac{188.55}{0.1257} + 0.3 \times (1-0.087) \times 100$$

$$= 157.89 \text{kPa}$$

地基承载力计算修正系数 $\kappa$ 取 1.5 时，修正后的复合地基容许承载力为：

$$\kappa\sigma_{sp} = 1.5 \times 157.89 = 236.84 \text{kPa} > \max\sigma_z = 105.21 \text{kPa}$$

加固后的复合地基容许承载力满足设计要求。

**A.0.5** 沉降计算按双线路基考虑，地基总沉降量轨道荷载按双线、列车荷载按单线计算，施工期沉降量不考虑轨道及列车荷载。布袋注浆桩地基沉降计算方法按表 A.0.5-1 选用。

**表 A.0.5-1 布袋注浆桩地基沉降计算方法**

| 加固分区 | 计算方法 |
| --- | --- |
| 加固区 | 复合模量法 |
| 下卧层 | Boussinesq 法、应力扩散法 |

1 加固区沉降量计算采用复合模量法，下卧层沉降量计算采用 Boussinesq 法计算其附加应力，同时考虑相邻荷载的影响。加固区、下卧层压缩量均采用分层总和法进行计算。

（1）复合模量计算：

按式 $E_{sp} = mE_p + (1-m)E_s$ 计算加固区各层的复合模量，结果见表 A.0.5-2。

**表 A.0.5-2 复合模量计算**

| 加固分区 | 桩间土压缩模量 $E_s$ (MPa) | 桩身压缩模量 $E_p$ (MPa) | 桩-土复合压缩模量 $E_{sp}$ (MPa) |
| --- | --- | --- | --- |
| （1）加固区 | 4.10 | 90.00 | 11.57 |
| （2）加固区 | 2.09 | 90.00 | 9.74 |
| （3）加固区 | 8.20 | 90.00 | 15.32 |

（2）各土层附加应力面积与沉降量计算：

沉降计算深度按垂直附加应力等于 0.2 倍的自重应力确定，按式（4.3.11-4）和式（4.3.11-5）推导计算带状分布梯形荷载下的地基土附加应力。计算求得路堤中心（中心距 2.2m）处：沉降计算深度为 21.61m，有荷附加应力 $\sigma_z$ 为 36.96kPa，自重应力为 184.82kPa。

附加应力沿土层厚度的积分值为附加应力面积。按式（4.3.11-1）推导计算，各土层附加应力面积的结果及原始沉降量计算过程见表 A.0.5-3。

表 A.0.5-3　Boussinesq 法计算原始沉降量

| 加固分区 | 层底埋深（m） | 土层厚度（m） | 自重应力（kPa） | 有荷附加应力（kPa） | 复合压缩模量（MPa） | 有荷附加应力面积（kPa·m） | 有荷原始分层沉降量（mm） | 无荷附加应力面积（kPa·m） | 无荷原始分层沉降量（mm） |
|---|---|---|---|---|---|---|---|---|---|
| 路基底 | 0.00 | | 0.00 | 88.51 | | | | | |
| （1）加固区 | 1.50 | 1.50 | 13.35 | 87.03 | 11.57 | 131.95 | 11.40 | 94.45 | 8.16 |
| （2）加固区 | 13.00 | 11.50 | 99.60 | 53.46 | 9.74 | 812.86 | 83.46 | 621.69 | 63.83 |
| （3）加固区 | 14.00 | 1.00 | 109.50 | 51.00 | 15.32 | 52.22 | 3.41 | 41.34 | 2.70 |
| （4）下卧层 | 21.61 | 7.61 | 184.82 | 36.96 | 8.20 | 329.85 | 40.23 | 262.49 | 32.01 |
| 合计 | | | | | | 1326.88 | 138.50 | | 106.70 |

进而求得沉降计算深度范围内所有层的当量模量：

$$\overline{E}_s = \frac{\sum A_i}{\sum \frac{A_i}{E_i}} = \frac{1326.88}{138.50} = 9.58 \text{MPa}。$$

（3）沉降计算：加固区施工期沉降完成比例系数 $U$ 按 1 计算，下卧层天然地基 $U$ 按 0.9 计算。

根据 A.0.3 节计算结果：双线单荷时基底压应力 $\sigma_h = 88.51\text{kPa}$；

根据 A.0.4 节计算结果：基底复合地基容许承载力 $\sigma_0 = 157.89\text{kPa}$；

计算结果为：$\dfrac{\sigma_h}{\sigma_0} = \dfrac{88.51}{157.89} = 0.56$。

按上述条件计算得到当量模量，再按表 4.3.10 内插计算得到沉降修正系数 $m_s$ 为 0.603；按式（4.3.10-2）、式（4.3.12-1）和式（4.3.12-2）进行沉降计算，过程结果见表 A.0.5-4。

表 A.0.5-4　Boussinesq 法计算沉降量

| 加固分区 | 层底埋深（m） | 有荷原始分层沉降量（mm） | 无荷原始分层沉降量（mm） | 施工期沉降完成比例系数 | 沉降修正系数 | 施工期沉降量（mm） | 修正总沉降量（mm） | 修正施工期沉降量（mm） | 工后沉降量（mm） |
|---|---|---|---|---|---|---|---|---|---|
| （1）加固区 | 1.50 | 11.40 | 8.16 | 1.00 | 0.603 | 8.16 | 6.88 | 4.92 | 1.95 |
| （2）加固区 | 13.00 | 83.46 | 63.83 | 1.00 | 0.603 | 63.83 | 50.34 | 38.50 | 11.84 |
| （3）加固区 | 14.00 | 3.41 | 2.70 | 1.00 | 0.603 | 2.70 | 2.06 | 1.63 | 0.43 |
| 加固区沉降小计 | | | | | | | 59.28 | 45.05 | 14.22 |
| （4）下卧层 | 21.61 | 40.23 | 32.01 | 0.90 | 0.603 | 28.81 | 24.27 | 17.38 | 6.89 |
| 下卧层沉降小计 | | | | | | | 24.27 | 17.38 | 6.89 |
| 地基沉降合计 | | | | | | | 83.55 | 62.43 | 21.11 |

沉降计算结果为：计算深度为 21.61m，地基总沉降量 $S$ 为 83.55mm，施工期沉降量 $S_T$ 为 62.43mm，工后沉降量 $S_r$ 为 21.11mm，小于沉降控制标准 150mm，加固后的地基工后沉降量满足设计要求。

其中，加固区工后沉降量为 14.22mm，下卧层工后沉降量为 6.89mm。

2 加固区沉降量计算采用复合模量法，下卧层沉降量计算采用应力扩散法计算其附加应力，同时考虑相邻荷载的影响。加固区、下卧层压缩量均采用分层总和法进行计算。

（1）加固区各层的复合模量，见表 A.0.5-2。

（2）地基应力扩散角计算如下：

路基底宽度：$B = 3 \times 1.5 \times 2 + 13.2 = 22.2\text{m}$；

加固区地基应力扩散角按表 4.3.11-1 见表 4.3.11-2 计算，过程见表 A.0.5-5。

**表 A.0.5-5 应力扩散法地基应力扩散角计算**

| 加固分区 | 层底埋深（m） | 土层厚度（m） | 复合压缩模量（MPa） | 平均复合压缩模量（MPa） | $E_{s1}/E_{s2}$ | $z/B$ | 地基应力扩散角 $\theta$（°） |
|---|---|---|---|---|---|---|---|
| （1）加固区 | 1.50 | 1.50 | 11.57 | 10.33 | 1.26 | 0.63 | 8.89 |
| （2）加固区 | 13.00 | 11.50 | 9.74 | | | | |
| （3）加固区 | 14.00 | 1.00 | 15.32 | | | | |
| （4）下卧层 | 25.59 | 11.59 | 8.20 | 8.20 | | | |

加固区压缩模量 $E_{s1} = 10.33\text{MPa}$，下卧层压缩模量 $E_{s2} = 8.20\text{MPa}$；

$E_{s1}/E_{s2} = 10.33/8.20 = 1.26 < 3$；

$z/B = 14/22.2 = 0.63 > 0.50$。

采用插值法按表 4.3.11-2 计算得：加固区地基应力扩散角 $\theta$ 为 8.89°。

（3）各土层附加应力面积与沉降量计算：

根据 A.0.3 节计算结果：双线单荷时列车与轨道荷载 $P' = 272.61\text{kN/m}$；

路基填土荷载：$P' = (13.2 + 22.2) \times 3/2 \times 21 = 1115.1\text{kN/m}$；

路基底荷载平均应力：$P = (1115.1 + 272.6)/22.2 = 62.51\text{kPa}$。

应力扩散后于下卧层顶面荷载分布宽度如图 A.0.5-1 所示。

$B' = B + 2h\tan\theta = 22.2 + 2 \times 14 \times \tan 8.89° = 26.58\text{m}$。

按式（4.3.11-6）计算扩散后下卧层顶面的荷载平均应力为：

有荷时 $\sigma_z = \dfrac{BP}{B + 2h\tan\theta} = \dfrac{22.2 \times 62.51}{26.58} = 52.21\text{kPa}$；

无荷时 $\sigma_z = \dfrac{BP}{B + 2h\tan\theta} = \dfrac{1115.1}{26.58} = 41.95\text{kPa}$。

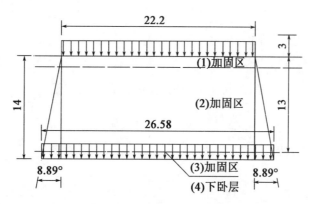

图 A.0.5-1 应力扩散法（尺寸单位：m）

沉降计算深度按垂直附加应力等于 0.2 倍的自重应力确定，按式（4.3.11-4）、式（4.3.11-5）和式（4.3.11-6）推导计算带状分布梯形荷载作用下的地基土附加应力。计算求得路堤中心（中心距 2.2m）处：沉降计算深度为 25.59m，有荷附加应力 $\sigma_z$ 为 44.84kPa，自重应力为 224.26kPa。

附加应力沿土层厚度的积分值为附加应力面积。按式（4.3.11-1）推导计算，各土层附加应力面积的结果及原始沉降量计算过程见表 A.0.5-6。

表 A.0.5-6 应力扩散法计算原始沉降量

| 加固分区 | 层底埋深（m） | 土层厚度（m） | 自重应力（kPa） | 有荷附加应力（kPa） | 复合压缩模量（MPa） | 有荷附加应力面积（kPa·m） | 有荷原始分层沉降量（mm） | 无荷附加应力面积（kPa·m） | 无荷原始分层沉降量（mm） |
|---|---|---|---|---|---|---|---|---|---|
| 路基底 | 0.00 | | 0.00 | 88.51 | | | | | |
| （1）加固区 | 1.50 | 1.50 | 13.35 | 87.03 | 11.57 | 131.95 | 11.40 | 94.45 | 8.16 |
| （2）加固区 | 13.00 | 11.50 | 99.60 | 53.46 | 9.74 | 812.86 | 83.46 | 621.69 | 63.83 |
| （3）加固区 | 14.00 | 1.00 | 109.50 | 51.00 | 15.32 | 52.22 | 3.41 | 41.34 | 2.70 |
| （4）下卧层顶面 | 14.00 | 0.00 | 109.50 | 52.21 | | | | | |
| （4）下卧层 | 25.59 | 11.59 | 224.26 | 44.84 | 8.20 | 578.80 | 70.59 | 465.07 | 56.72 |
| 合计 | | | | | | 1575.83 | 168.86 | | 131.41 |

求得沉降计算深度范围内所有层的当量模量为：

$$\overline{E}_s = \frac{\sum A_i}{\sum \frac{A_i}{E_i}} = \frac{1575.83}{168.86} = 9.33 \text{MPa}。$$

（4）沉降计算如下：

$$\frac{\sigma_h}{\sigma_0} = \frac{88.51}{157.89} = 0.56;$$

按上述计算得到的当量模量,按表 4.3.10 内插计算得到沉降修正系数 $m_s$ 为 0.613;按式(4.3.10-2)、式(4.3.12-1)和式(4.3.12-2)进行沉降计算,计算过程、结果见表 A.0.5-7。

表 A.0.5-7 应力扩散法计算沉降量

| 加固分区 | 层底埋深(m) | 有荷原始分层沉降量(mm) | 无荷原始分层沉降量(mm) | 施工期沉降完成比例系数 | 沉降修正系数 | 施工期沉降量(mm) | 修正总沉降量(mm) | 修正施工期沉降量(mm) | 工后沉降量(mm) |
|---|---|---|---|---|---|---|---|---|---|
| (1)加固区 | 1.50 | 11.40 | 8.16 | 1.00 | 0.613 | 8.16 | 6.98 | 5.00 | 1.98 |
| (2)加固区 | 13.00 | 83.46 | 63.83 | 1.00 | 0.613 | 63.83 | 51.12 | 39.10 | 12.02 |
| (3)加固区 | 14.00 | 3.41 | 2.70 | 1.00 | 0.613 | 2.70 | 2.09 | 1.65 | 0.44 |
| 加固区沉降小计 | | | | | | | 60.19 | 45.75 | 14.44 |
| (4)下卧层 | 25.59 | 70.59 | 56.72 | 0.90 | 0.613 | 51.04 | 43.24 | 31.27 | 11.97 |
| 下卧层沉降小计 | | | | | | | 43.24 | 31.27 | 11.97 |
| 地基沉降合计 | | | | | | | 103.43 | 77.02 | 26.41 |

沉降计算结果为:计算深度 25.59m,地基总沉降量 $S$ 为 103.43mm,施工期沉降量 $S_T$ 为 77.02mm,工后沉降量 $S_r$ 为 26.41mm,小于沉降控制标准 150mm,加固后的地基工后沉降量满足设计要求。

其中,加固区工后沉降量为 14.44mm,下卧层工后沉降量为 11.97mm。

3 不同方法计算沉降量结果:

加固区沉降量计算采用复合模量法,下卧层沉降量计算采用 Boussinesq 法、应力扩散法计算其附加应力,同时考虑相邻荷载的影响。加固区、下卧层压缩量均采用分层总和法进行计算;计算结果见表 A.0.5-8。

表 A.0.5-8 不同方法计算沉降量结果

| 计算方法 | 计算深度(m) | 总沉降量(mm) | 施工期沉降量(mm) | 工后沉降量(mm) | | |
|---|---|---|---|---|---|---|
| | | | | 加固区 | 下卧层 | 地基沉降 |
| Boussinesq 法 | 21.61 | 83.54 | 62.43 | 14.22 | 6.89 | 21.11 |
| 应力扩散法 | 25.59 | 103.43 | 77.02 | 14.44 | 11.97 | 26.41 |

**条文说明**

Boussinesq 法受人为影响较小,因此本规程中推荐采用该方法;考虑到目前应力扩散法在实际工程中也有应用,因此规程中也给出了这种方法。从表 A.0.5-8 可以看出,两种方法的计算结果较为接近,其中 Boussinesq 法的计算结果较小,应力扩散法的计算结果较大。

## 附录 B  典型施工案例

**B.0.1**  工点地质条件和设计方案如下：

1  新建铁路湖州至杭州西至杭黄高铁连接线 HHLJXZQ-3 标德清站既有宁杭里程 NHDK220+058.88～NHDK220+240（对应新建湖杭高铁里程 DK35+488.82～DK35+669.94）段 7 线（到发线）及站台，工点长 181.12m，到发线为有砟轨道路基。

2  地形地貌：冲湖积平原地区及丘坡区，丘坡区地形起伏较大，自然坡度 20°～45°，辟为茂密灌木、杂木、竹木及房舍，坡脚有燃气厂及钢瓶检测站。平原区多辟为水塘、河沟、竹林及村庄。

3  主要地层岩性：

(1) 素填土，Ⅰ级；

(2) 粉质黏土 $Q_4^{l+h}$，灰褐色，软塑，$\sigma_o$=120kPa，Ⅱ级；

(2)1 淤泥质粉质黏土 $Q_4^{l+h}$，灰色，流塑，$\sigma_o$=60kPa，Ⅱ级；

(2)2 粉质黏土 $Q_4^{al+l}$，青灰色、黄褐色，硬塑，$\sigma_o$=160kPa，Ⅱ级；

(2)3 粉质黏土 $Q_4^{al+l}$，灰褐色、青灰色，软塑，$\sigma_o$=150kPa，Ⅱ级；

(3)1 粉质黏土 $Q_3^{al}$，灰褐色、褐黄色，硬塑，$\sigma_o$=200kPa，Ⅲ级；

(3)2 粉质黏土 $Q^{el+dl}$，褐黄色，硬塑，$\sigma_o$=200kPa，Ⅲ级；

(5)1 凝灰岩 $J_3^a$，褐黄色，全风化，$\sigma_o$=200kPa，Ⅲ级；

(5)2 凝灰岩 $J_3^a$，黄灰色、紫灰色，强风化，$\sigma_o$=400kPa，Ⅳ级；

(5)3 凝灰岩 $J_3^a$，灰白色、紫灰色，弱风化，$\sigma_o$=650kPa，Ⅴ级。

4  地基加固处理设计方案及要求如下：

(1) NHDK 220+058.88～NHDK 220+240 段左侧灌注桩至路堤坡脚处，地基不能满足路基稳定和沉降要求，需进行加固处理。因搅拌桩成桩困难，采用布袋注浆桩加固处理。

(2) 设计桩径为 0.4m，桩间距为 1.2m，桩长为 10.0～13.0m，正方形布置，最近一根桩距既有线左线中心线的距离为 40.8m。

(3) 设计要求施工前进行浆液配合比试验，并选取代表性桩位进行工艺性试桩，以检验设备，获取工艺参数，根据试桩结果确定合理的浆液配合比和注浆压力，并进行以下检测：

①成桩 7d 后，采用浅部开挖桩头，量测成桩直径，观测成桩质量。

②成桩 28d 后，在桩中心、桩长范围内垂直钻孔取芯检测，观察完整性、均匀性，

检查桩长；取不同深度的不少于 3 个试样进行抗压强度试验。

③成桩 28d 后，对布袋注浆桩进行复合地基荷载试验。

**B.0.2** 浆液配合比试验按下列要求进行：

1 浆液配合比选用水：水泥：粉煤灰分别为 0.7∶0.6∶0.4、0.7∶0.65∶0.35、0.7∶0.65∶0.45、0.7∶0.55∶0.45 四种进行比选，不同配合比水泥浆技术参数见表 B.0.2-1。

表 B.0.2-1 水泥浆技术参数

| 技术参数 | 水泥浆配合比 | | | |
| --- | --- | --- | --- | --- |
| | 0.7∶0.6∶0.4 | 0.7∶0.65∶0.35 | 0.7∶0.65∶0.45 | 0.7∶0.55∶0.45 |
| 稠度（s） | 32 | 36 | 38 | 29 |
| 水泥浆密度（g/cm³） | 1.45 | 1.48 | 1.48 | 1.43 |
| 析水率（%） | 2.5 | 2.6 | 2.5 | 2.8 |

2 按配合比给定的比例，水泥、粉煤灰、水充分搅拌均匀制作 70.7mm×70.7mm×70.7mm 立方体无侧限抗压强度试件，分别测定各比例 7d、28d 无侧限抗压强度，其试验结果见表 B.0.2-2。

表 B.0.2-2 无侧限抗压强度（MPa）

| 编号 | 水泥浆配合比 | 7d | 28d |
| --- | --- | --- | --- |
| TP-001 | 0.7∶0.6∶0.4 | 6.2 | 10.6 |
| TP-002 | 0.7∶0.65∶0.35 | 6.8 | 11.2 |
| TP-003 | 0.7∶0.65∶0.45 | 7.2 | 12.1 |
| TP-004 | 0.7∶0.55∶0.45 | 5.9 | 10.0 |

3 经检验不同配合比浆液性能、稠度、密度、析水率、28d 强度指标要求，综合考虑布袋注浆桩浆液配合比（水：水泥：粉煤灰）选用 0.7∶0.6∶0.4。

**B.0.3** 试桩方案按下列要求确定：

1 工艺试验的目的是确定工艺的各项最佳参数。根据布袋注浆桩的浆液配合比选用水：水泥：粉煤灰为 0.7∶0.6∶0.4，钻头选用直径 350mm，注浆压力选用 0.4MPa 进行工艺试桩，明确注浆量、压浆速度等注浆参数，成桩桩径 0.4m，桩间距 1.2m，桩长 12m。

2 试桩位置，考虑地质条件、影响营业线程度、施工场地条件等具有代表性地段，选定 NHDK220+075～NHDK220+225 段为试验段，进行原位试桩，各断面地层如下：

（1）断面 NHDK220+075 处穿过土层依次为（2）粉质黏土、软塑层、（2）1 淤泥质粉质黏土、流塑层、（2）2 粉质黏土、硬塑层，如图 B.0.3-1 所示。

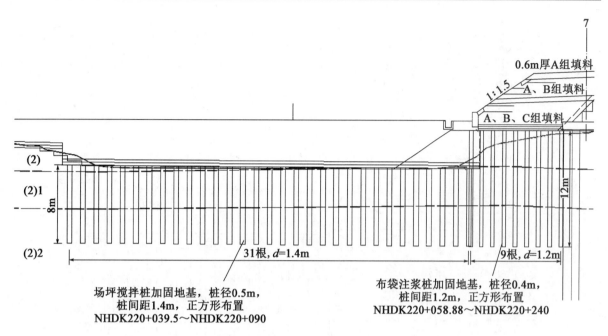

图 B.0.3-1　NHDK220+075 处横断面示意图

（2）断面 NHDK220+125 处穿过地层依次为（1）素填土层、(2)1 淤泥质粉质黏土、流塑层、(2)2 粉质黏土、硬塑层，如图 B.0.3-2 所示。

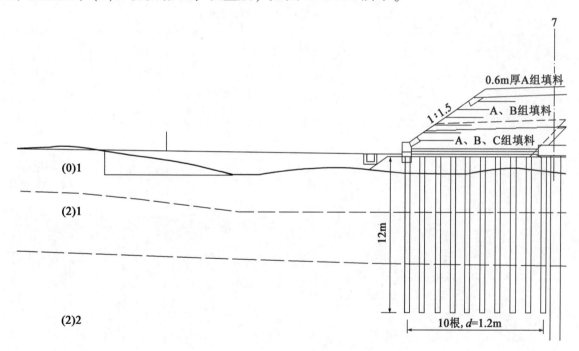

图 B.0.3-2　NHDK220+125 处横断面示意图

（3）断面 NHDK220+175 处穿过地层依次为（2）粉质黏土、软塑层、(2)1 淤泥质粉质黏土、流塑层、(2)2 粉质黏土、硬塑层，如图 B.0.3-3 所示。

（4）断面 NHDK220+225 处穿过地层依次为（1）素填土层、(2)1 淤泥质粉质黏土、流塑层、(2)2 粉质黏土、硬塑层，如图 B.0.3-4 所示。地层情况与需整治段落路基地层相比具有代表性，可作为获取指导性参数试桩位置。

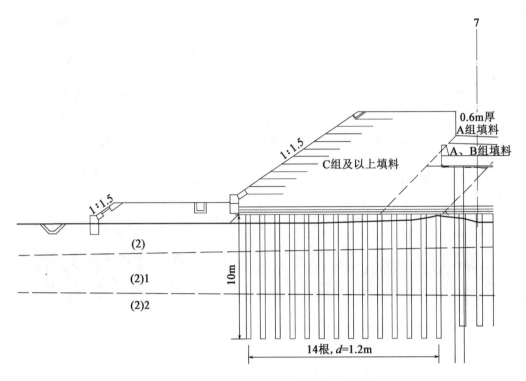

图 B.0.3-3　NHDK220+175 处横断面示意图

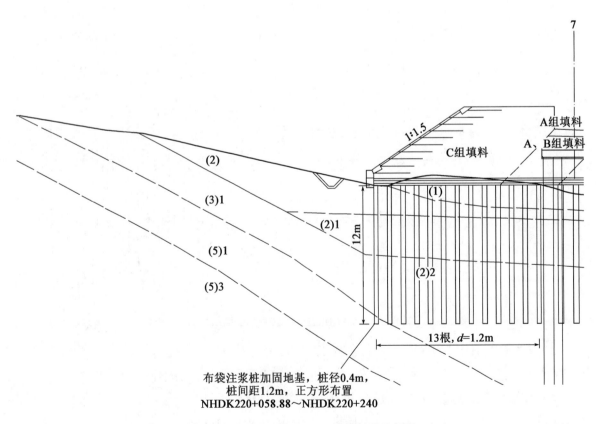

图 B.0.3-4　NHDK220+225 处横断面示意图

**B.0.4** 试桩施工工艺过程如下：

1 测量放样，根据布桩图，确定布桩范围及轴线，用钢尺测量出各桩点的相对位置，插上竹签确定具体位置。

2 水泥浆制备，根据选定的4组试验配合比，通过标定的计量容器调制水泥浆。

3 钻机检查，测量钻杆长度，清点钻杆数量，确保桩长得到有效控制。

试桩钻孔采用旋转式钻机成孔，钻头直径分别为300mm、350mm、370mm，开孔直径400mm，钻孔深度为地基处理深度，垂直度偏差小于1%。

4 套袋管制作按下列要求进行：

（1）注浆管按下列要求制作：

注浆管采用$\phi$32mm、壁厚3.5mm的PP-R管，节长4m，管节间通过热熔连接，长度大于设计孔深35~50cm，底部用标准堵头封底，距管底35~135cm位置沿管壁凿4排8个$\phi$10mm的孔眼，梅花形布置，孔眼间距20cm，作为注浆管，顶部加装注浆控制阀。注浆完成后，注浆管作为加筋留在桩身。

（2）土工布袋按下列要求制作：

土工布袋选用$\phi$40cm单向透水土工布袋，规格为390g/m²，CBR法顶破强度不小于10.5kN，等效孔径$O_{95}$为0.07~0.15mm，撕破强度不小于1.4kN，渗透系数$K$为$1\times10^{-2}$~$1\times10^{-3}$cm/s，长度大于设计孔深60~100cm。

5 土工布袋绑扎下放按下列要求：

钻机成孔后及时下放套有土工布袋的注浆管，孔底返浆，注浆管上端露出地面0.5m以上。土工布袋按照设计注浆长度套在注浆管上，土工布袋的底端用14号铁丝绑扎两道，以免泄浆；中部每间隔1m用铅丝绑扎一道；上端绑扎位置在设计桩顶500mm以上，用14号铁丝扎紧。土工布袋每1m用铅丝扎紧，便于土工布袋下入孔内，注浆时利用注浆压力将土工布袋撑开。

6 注浆按下列要求：

（1）注浆形式采用孔底返浆法，将注浆管插到底直接注浆，注浆管保留在孔内，不拔除，作为布袋注浆桩加筋材料。

（2）注浆压力主要考虑布袋注浆桩的埋置深度、土体围岩压力等因素，注浆过程中应严格控制注浆压力在0.2~0.6MPa；浆液注入量一般控制在50~65L/min，切忌盲目过大；注浆过程中注意注浆压力与注浆速度的协调配合，避免桩身全长范围内因为注浆压力不一致造成桩身直径偏差过大，即桩底压力过大而过度膨胀，桩身上部压力不足未充分膨胀。

（3）注浆人员随时检查注浆设备压力表的读数，并注意控制注浆量、注浆泵的压力值，当浆液在孔口充分溢出后，停止注浆，待浆液回落后，再补注一定量的浆液，直至浆液面再次溢出孔口，注浆过程中保持配浆搅拌机不停地搅拌浆液。注浆过程应保持连续，并做好施工记录，施工原始记录应做到全面、及时、准确、如实地反映实际情况。

（4）注浆浆液：浆液由水、粉煤灰、水泥等组成，水泥采用P·O42.5级普通硅酸盐水泥。浆液基本性能：黏度30~35s，密度1.4~1.5g/cm³，析水率小于3%，28d龄期立方体轴心抗压强度设计值不小于 5.0MPa。

浆液配合比（水：水泥：粉煤灰）分别选用 0.7∶0.6∶0.4、0.7∶0.65∶0.35、0.7∶0.65∶0.45、0.7∶0.55∶0.45 四种进行比选。

7  每根桩注浆完成后，由于浆液中水分在压力作用下往土工布袋外渗透，土工布袋中的浆液体积减小，桩顶下沉，桩顶达不到设计高程，桩长不足，需要补浆。

8  清洗移机，向集料斗中注入适量清水，开启灰浆泵，清洗所有管路中残存的水泥浆，直至基本干净。

**B.0.5**  试桩施工完成后进行以下检测：

1  成桩 7d 后，采用浅部开挖桩头，量测成桩直径，观测成桩质量。

2  成桩 28d 后在桩中心、桩长范围内垂直钻孔取芯检测，观察完整性、均匀性，检查桩长；取不同深度的不少于 3 个试样进行抗压强度试验。

3  成桩 28d 后，布袋注浆桩进行复合地基荷载试验。

检测结果见表 B.0.5。

**表 B.0.5  布袋注浆桩试桩检测结果**

| 试桩编号 | 地点 | 桩径（mm） | 桩长（m） | 检测结果 | | |
|---|---|---|---|---|---|---|
| | | | | 28d 无侧限抗压强度（MPa） | 复合地基承载力（kPa） | 桩头外观质量 |
| 1号 | DK35+489 左偏8.5m | 400 | 12 | 10.8 | — | 浅部开挖桩头，外观质量完好，实测成桩直径410mm |
| 2号 | DK35+505 左偏9.8m | 400 | 12 | 10.7 | — | 浅部开挖桩头，外观质量完好，实测成桩直径405mm |
| 3号 | DK35+530 左偏9.5m | 400 | 12 | 11.3 | — | 浅部开挖桩头，外观质量完好，实测成桩直径407mm |
| 4号 | DK35+577 左偏11.8m | 400 | 12 | — | — | 浅部开挖桩头，外观质量完好，实测成桩直径415mm |
| 5号 | DK35+578 左偏11.8m | 400 | 12 | — | — | 浅部开挖桩头，外观质量完好，实测成桩直径410mm |
| 6号 | DK35+579 左偏11.8m | 400 | 12 | — | — | 浅部开挖桩头，外观质量完好，实测成桩直径405mm |

表 B.0.5（续）

| 试桩编号 | 地点 | 桩径（mm） | 桩长（m） | 28d无侧限抗压强度（MPa） | 复合地基承载力（kPa） | 桩头外观质量 |
|---|---|---|---|---|---|---|
| 7号 | DK35+580 左偏11.8m | 400 | 12 | — | 190 | 浅部开挖桩头，外观质量完好，实测成桩直径400mm |
| 8号 | DK35+627 左偏13m | 400 | 12 | — | — | 浅部开挖桩头，外观质量完好，实测成桩直径410mm |
| 9号 | DK35+628 左偏13m | 400 | 12 | — | — | 浅部开挖桩头，外观质量完好，实测成桩直径420mm |
| 10号 | DK35+629 左偏13m | 400 | 12 | — | — | 浅部开挖桩头，外观质量完好，实测成桩直径415mm |
| 11号 | DK35+630 左偏13m | 400 | 12 | — | 205 | 浅部开挖桩头，外观质量完好，实测成桩直径420mm |
| 12号 | DK35+667 左偏11.5m | 400 | 12 | — | — | 浅部开挖桩头，外观质量完好，实测成桩直径420mm |
| 13号 | DK35+668 左偏11.5m | 400 | 12 | — | — | 浅部开挖桩头，外观质量完好，实测成桩直径420mm |
| 14号 | DK35+669 左偏11.5m | 400 | 12 | — | — | 浅部开挖桩头，外观质量完好，实测成桩直径420mm |
| 15号 | DK35+670 左偏11.5m | 400 | 12 | — | 197 | 浅部开挖桩头，外观质量完好，实测成桩直径410mm |

**B.0.6** 根据现场试桩确定的主要施工工艺参数如下：
1 浆液配合比水：水泥：粉煤灰为0.7:0.6:0.4；
2 泥浆泵浆压力值为0.4MPa；
3 钻头直径为350mm；

4 注浆速度为 30~50L/min；
5 原材料选用水泥 P·O42.5 级普通硅酸盐水泥。

**B.0.7** 工程桩施工情况如下：

新建铁路湖州至杭州西至杭黄高铁连接线 HHLJXZQ-3 标德清站路基（DK35+488.82~DK35+669.94）里程段，布袋注浆桩按照试桩结果进行了施工，施工完成后，经检测布袋注浆桩钻取深度范围内，芯样连续、完整，呈柱状、块状，搅拌均匀，无侧限抗压强度均满足设计要求，复合地基承载力均大于 175kPa，满足设计要求，硬化后的桩体与桩间土形成人工复合地基，使稳定性和承载力得到提高。采用布袋注浆提高了土体承载力，减少了土体压缩变形，有效控制地基的工后沉降，满足路基稳定性的目的，达到了稳固地基的效果。

# 附录 C  布袋注浆桩施工记录表

工程名称：　　　　　　　　施工部位：　　　　　　　　编号：

| 设计桩长(m) | | 设计桩径(m) | | 地面高程(m) | | 桩顶高程(m) | | 水灰比 | | | 粉煤灰掺入比(％) | |
|---|---|---|---|---|---|---|---|---|---|---|---|---|
| 桩号 | 日期 | 成孔时间 | | 实钻长度(m) | 布袋长度(m) | 浆液密度(g/cm³) | 注浆 | | 注浆压力(MPa) | 注浆量(L) | 备注 | |
| | | 开始时间 | 结束时间 | | | | 开始时间 | 结束时间 | | | | |
| | | | | | | | | | | | | |
| | | | | | | | | | | | | |
| | | | | | | | | | | | | |
| | | | | | | | | | | | | |
| | | | | | | | | | | | | |
| | | | | | | | | | | | | |
| | | | | | | | | | | | | |
| | | | | | | | | | | | | |
| | | | | | | | | | | | | |
| | | | | | | | | | | | | |
| | | | | | | | | | | | | |
| | | | | | | | | | | | | |
| | | | | | | | | | | | | |
| | | | | | | | | | | | | |
| | | | | | | | | | | | | |
| | | | | | | | | | | | | |
| | | | | | | | | | | | | |
| | | | | | | | | | | | | |

施工单位：　　　　　　现场技术员：　　　　　　现场负责人：　　　　　　日期：

# 附录D 布袋注浆桩施工质量检验记录表

工程名称：　　　　　　施工部位：　　　　　　编号：

| 设计桩长(m) | | 设计桩径(m) | | 地面高程(m) | | 桩顶高程(m) | | 水灰比 | | 粉煤灰掺入比(%) | |
|---|---|---|---|---|---|---|---|---|---|---|---|
| 桩号 | 桩位 | 桩长(m) | 桩径(m) | 垂直度(%) | 布袋长度(m) | 成孔质量 | 浆液密度(g/cm³) | 拔管速度(m/min) | 注浆流量(L/min) | 注浆压力(MPa) | 注浆量(L) |
| | | | | | | | | | | | |
| | | | | | | | | | | | |
| | | | | | | | | | | | |
| | | | | | | | | | | | |
| | | | | | | | | | | | |
| | | | | | | | | | | | |
| | | | | | | | | | | | |
| | | | | | | | | | | | |
| | | | | | | | | | | | |
| | | | | | | | | | | | |
| | | | | | | | | | | | |
| | | | | | | | | | | | |
| | | | | | | | | | | | |
| | | | | | | | | | | | |
| | | | | | | | | | | | |
| | | | | | | | | | | | |
| | | | | | | | | | | | |
| | | | | | | | | | | | |
| | | | | | | | | | | | |
| | | | | | | | | | | | |
| | | | | | | | | | | | |

施工单位：　　　　　　质检员：　　　　　　现场负责人：　　　　　　日期：

# 本规程用词说明

为便于在执行本规程条文时区别对待,对于要求严格程度不同的用词说明如下:
1 表示很严格,非这样做不可的:
正面词采用"必须";反面词采用"严禁"。
2 表示严格,在正常情况下均应这样做的:
正面词采用"应";反面词采用"不应"或"不得"。
3 表示允许稍有选择,在条件许可时首先应这样做的:
正面词采用"宜";反面词采用"不宜"。
4 表示有选择,在一定条件下可以这样做的,采用"可"。

# 引用标准名录

本规程引用下列标准。其中，注日期的，仅对该日期对应的版本适用本规程；不注日期的，其最新版适用于本规程。

1 《建筑地基基础设计规范》（GB 50007）
2 《铁路工程抗震设计规范》（GB 50111）
3 《复合地基技术规范》（GB/T 50783）
4 《通用硅酸盐水泥》（GB 175）
5 《用于水泥和混凝土中的粉煤灰》（GB/T 1596）
6 《流体输送用无缝钢管》（GB/T 8163）
7 《冷热水用聚丙烯管道系统》（GB/T 18742）
8 《铁路路基设计规范》（TB 10001）
9 《铁路特殊路基设计规范》（TB 10035）
10 《铁路工程地基处理技术规程》（TB 10106）
11 《铁路工程基桩检测技术规程》（TB 10218）
12 《邻近铁路营业线施工安全监测技术规程》（TB 10314）
13 《铁路路基工程施工质量验收标准》（TB 10414）
14 《高速铁路路基工程施工质量验收标准》（TB 10751）
15 《建筑地基处理技术规范》（JGJ 79）
16 《建筑基桩检测技术规范》（JGJ 106）

# 涉及专利和专有技术名录

1 国家专利

[1] 中铁第四勘察设计院集团有限公司. 布袋注浆成桩方法：中国，2007100531797 [P]. 2008-02-20.

[2] 中铁第四勘察设计院集团有限公司. 布袋加筋注浆结构：中国，201120544584.0 [P]. 2012-08-15.

本规程的发布机构提请注意，声明符合本规程时，可能涉及相关专利的使用。

本规程的发布机构对于该专利的真实性、有效性和范围无任何立场。

该专利持有人已向本规程的发布机构保证，他愿意同任何申请人在合理且无歧视的条款和条件下，就专利授权许可进行谈判。该专利持有人的声明已在本规程的发布机构备案。相关信息可通过以下联系方式获得：

专利持有人姓名：中铁第四勘察设计院集团有限公司；

地址：湖北省武汉市和平大道745号；

请注意除上述专利外本规程的某些内容仍可能涉及专利。本规程的发布机构不承担识别这些专利的责任。

2 工法

[1] 中铁第四勘察设计院集团有限公司. TJBJGF-07·08-026 软土地区布袋注浆成桩施工工法 [Z]. 北京：中华人民共和国铁道部，2009.